Rebecca Imhanlahimi

# Detetar vulnerabilidades de segurança em aplicações Web

Rebecca Imhanlahimi

# Detetar vulnerabilidades de segurança em aplicações Web

## Modelo baseado na segurança para Cross Site Scripting

ScienciaScripts

**Imprint**



Cover image: www.ingimage.com

This book is a translation from the original published under ISBN 978-620-8-01256-4.

Publisher:
Sciencia Scripts
is a trademark of
Dodo Books Indian Ocean Ltd. and OmniScriptum S.R.L publishing group

120 High Road, East Finchley, London, N2 9ED, United Kingdom
Str. Armeneasca 28/1, office 1, Chisinau MD-2012, Republic of Moldova, Europe
Printed at: see last page
**ISBN: 978-620-8-18523-7**

Conteúdo

CAPÍTULO 1

## 1.1 . Introdução

Vivemos num mundo em que as pessoas estão a habituar-se a ter qualquer informação que queiram, a qualquer hora, em qualquer lugar e a partir de uma gama cada vez maior de dispositivos. Isto é possível através da Internet. A **Internet** é um sistema global de redes informáticas interligadas que utilizam o conjunto normalizado de protocolos Internet (TCP/IP) para servir vários milhares de milhões de utilizadores em todo o mundo. É uma *rede de redes* que consiste em milhões de redes privadas, públicas, académicas, empresariais e governamentais, de âmbito local a global, que estão ligadas por uma vasta gama de tecnologias de redes electrónicas, sem fios e ópticas. A Internet contém uma vasta gama de recursos e serviços de informação, como os documentos de hipertexto interligados da World Wide Web (WWW), a infraestrutura de apoio ao correio eletrónico e as redes peer-to-peer.
As origens da Internet remontam à investigação encomendada pelo governo dos Estados Unidos na década de 1960 para criar uma comunicação robusta e tolerante a falhas através de redes de computadores.
A Internet é uma das necessidades dos tempos modernos. É realmente difícil imaginar a nossa vida sem Internet. Todos os domínios necessitam da Internet para o seu progresso. Na nossa vida quotidiana, todos dependemos da Internet para as nossas diversas necessidades. Podemos encontrar acesso à Internet em todos os domínios. À medida que a tecnologia da Internet progrediu e a sua presença se alargou, acabou por se tornar popular devido a uma série de capacidades quase infinitas que pode oferecer, incluindo sistemas de correio eletrónico, distribuição de informações, partilha de ficheiros, serviço de transmissão de multimédia e redes sociais em linha. De facto, a Internet transformou o nosso mundo num lugar pequeno. Podemos trocar informações facilmente com a utilização da Internet, desde uma aldeia remota até qualquer parte do mundo.
A Internet tem servido significativamente milhares de milhões de pessoas em todo o mundo. A comunicação sem limites que proporciona faz da Internet um importante meio de comunicação. A Internet pode ser acedida com a ajuda de qualquer dispositivo informático que disponha de um programa de navegação.
Os dispositivos móveis, como computadores portáteis, assistentes pessoais digitais e telemóveis, etc., estão a aumentar as suas capacidades informáticas e a tornar-se cada vez mais parte da nossa vida quotidiana.
Nwobodo (2005), opinou que "a Internet pode agora ser acedida virtualmente em qualquer lugar através de numerosos meios, por exemplo, os telemóveis permitem aos utilizadores ligarem-se à Internet a partir de qualquer lugar onde exista uma rede celular que suporte essa tecnologia de dispositivo. É por esta razão que os utilizadores de telemóveis podem aceder às suas informações pessoais, bem como aos recursos públicos, em qualquer altura e em qualquer lugar".
No entanto, as aplicações destes dispositivos apresentam problemas difíceis, entre os quais a insegurança dos dados. Neste concurso, a segurança é uma condição para garantir a confidencialidade, a integridade e a disponibilidade dos dados. Na segurança do software, os projectistas não se preocupam apenas com o facto de os dados não serem revelados a utilizadores não autorizados, mas também com o facto de não ser negado aos utilizadores autorizados o acesso à informação.
À medida que as aplicações baseadas na Web continuam a aumentar a sua capacidade, as

informações organizacionais, as mensagens de correio eletrónico, entre outros tipos de informações, são armazenadas na Internet. A motivação do atacante é roubar informações privadas e confidenciais, muitas vezes com o objetivo de cometer roubo de identidade e fraude. Para ultrapassar estes desafios, os modelos de segurança existentes adoptaram várias técnicas de proteção de dados.

## 1.1 Autenticação e encriptação

A autenticação é o processo através do qual se prova que os utilizadores ou as aplicações são válidos ou genuínos em relação a quem ou ao que são. A autenticação forte é normalmente implementada em dispositivos informáticos através da utilização de palavras-passe com cerca de doze caracteres, incluindo pelo menos uma letra maiúscula e um número. Em alguns casos, a ligação entre um dispositivo e o servidor de aplicações pode ser autenticada. Isto protege contra a monitorização da rede e os ataques de injeção.

Através da autenticação, os indivíduos, computadores ou aplicações que tentam ligar-se à Internet podem ser validados. Isto pode restringir o acesso não autorizado à Internet, protegendo ainda mais qualquer informação armazenada neles. Para melhorar este aspeto, Richard Smith sublinhou a utilização de uma palavra-passe secreta e de criptografia, afirmando que "a palavra-passe + a criptografia protegem a palavra-passe contra a deteção".

No entanto, o ponto fraco reside no facto de o nome de utilizador e a palavra-passe poderem ser detectados e analisados por criptografia para obter o texto da palavra-passe, que pode ser posteriormente utilizado em conjunto com o nome de utilizador válido para autenticação como indivíduo, computador, aplicação ou dispositivo autorizado, comprometendo assim a autenticidade de indivíduos, computadores ou aplicações que tentem ligar-se à Internet.

A encriptação é o processo de disfarçar uma mensagem ou dados durante a sua transmissão ou armazenamento de uma forma ininteligível para todos sem uma chave e um algoritmo de desencriptação secretos, baralhando deliberadamente os elementos que compõem o item de forma a ocultar o seu objetivo de garantir a privacidade, mantendo a informação escondida de qualquer pessoa a quem não se destina. "De facto, a proteção de comunicações sensíveis tem sido a tónica da criptografia ao longo de grande parte da sua história" Kaln (1967). Merezes et al (1997) definiram a criptografia como "o estudo de técnicas matemáticas relacionadas com aspectos da segurança da informação, como a confidencialidade, a integridade dos dados, a autenticação de entidades e a autenticação da origem dos dados".

Uma técnica de encriptação utiliza um algoritmo de encriptação (que é a sequência de passos de processamento de dados que transforma o texto simples em texto cifrado). Vários parâmetros utilizados por um algoritmo de encriptação são derivados de uma chave secreta. A cifragem também protege contra a monitorização da rede e ataques de injeção, por exemplo, números de cartões de crédito, números da segurança social.

A força dos modelos de segurança existentes (autenticação e cifragem) reside no facto de, em grande medida, as informações estáticas armazenadas na Internet poderem ser cifradas, garantindo assim a confidencialidade ou a privacidade dessas informações.

O ponto fraco deste modelo é que vários parâmetros utilizados por um algoritmo de cifragem são derivados de uma chave secreta. Na criptografia clássica para aplicações comerciais e outras aplicações civis, o algoritmo de cifragem é tornado público. Esta mesma chave pode ser utilizada tanto para a cifragem como para a decifragem, como na criptografia de chave simétrica.

Quando os algoritmos de cifragem e de decifragem são públicos, um atacante pode lançar com êxito um ataque de força bruta, ou seja, tentar todas as chaves possíveis num pedaço de texto cifrado até obter uma tradução inteligível em texto simples, comprometendo assim a confidencialidade das informações armazenadas.

### 1.1.1 Proteção da privacidade através de um algoritmo simétrico

A proteção da privacidade utilizando um algoritmo simétrico, como o DES (a norma de encriptação de dados patrocinada pelo governo) é relativamente fácil em redes pequenas, exigindo a troca de chaves de encriptação secretas entre cada parte. À medida que uma rede prolifera, a troca segura de chaves secretas torna-se cada vez mais dispendiosa e difícil de manejar.

As assinaturas digitais são criadas e verificadas por meio de criptografia assimétrica. Para a assinatura digital, são geralmente utilizadas duas chaves diferentes, uma para criar uma assinatura digital ou transformar dados em texto cifrado e outra para verificar uma assinatura digital ou devolver a mensagem à sua forma original. Este sistema é frequentemente designado por "criptosistema assimétrico".

As chaves de um criptossistema assimétrico para assinatura digital são designadas por chaves privada e pública. A chave privada é conhecida apenas pelo signatário e utilizada para criar a assinatura digital, enquanto a chave pública, que é normalmente mais conhecida, é utilizada para verificar a assinatura digital. Um destinatário deve ter a chave pública correspondente para verificar se uma assinatura digital é a do signatário. Se muitas pessoas necessitarem de verificar as assinaturas digitais do signatário, a chave pública deve ser distribuída a todas elas, talvez através da publicação num repositório ou diretório em linha onde a possam obter facilmente.

A criação de uma assinatura digital é o processo de computação de um código derivado e exclusivo da mensagem assinada e de uma determinada chave privada. Para que o código seja seguro, deve haver, no máximo, apenas uma hipótese negligenciável de que a mesma assinatura digital possa ser criada por qualquer outra mensagem ou chave privada.

A verificação da assinatura digital é o processo de verificação da assinatura digital por referência à mensagem original e a uma chave pública, determinando assim se a assinatura digital foi criada para essa mesma mensagem utilizando a chave privada que corresponde à chave pública de referência.

## 1.2 Declaração do problema

Existem riscos e ameaças associados à navegação na Internet e à realização de transacções baseadas na Web. Estas ameaças incluem a alteração, a destruição, a perda e até a divulgação de informações privadas a pessoas não autorizadas. O HTML, que é a linguagem da Web, está a crescer com funcionalidades melhoradas para satisfazer as necessidades de interação dos utilizadores em aplicações baseadas na Web, o mesmo acontecendo com as ameaças. Estas ameaças incluem a injeção de códigos maliciosos, conhecidos como cross site scripts (XSS), nas páginas Web. Yao-Wen Huang et al.(2004) "Os ataques XSS são ataques contra aplicações Web em que um atacante obtém controlo sobre o navegador do utilizador para executar o seu script malicioso dentro do contexto de confiança do sítio da aplicação Web" Yu Sun e Dake He(2012) "As linguagens de scripting têm sido amplamente utilizadas em aplicações de rede para melhorar a experiência do utilizador. Este facto torna os ataques de scripting entre sítios uma das ameaças mais graves na Internet". (Bozic e Watawa, 2013) discutiram o desenvolvimento do modelo de ataque Cross Site Scripting (XSS) para lidar com questões de segurança de aplicações Web, a fim de reduzir ou evitar o efeito de danos em dados sensíveis de milhões de utilizadores. O seu modelo de padrão de ataque tem a forma de uma máquina de estados UML para a geração e execução de casos de teste. Além disso, o modelo de ataque, uma vez especificado, é executado automaticamente e comunica o seu estado. Recomendaram também, para trabalhos futuros, que a sua abordagem possa ser redefinida, ou seja, adaptando uma técnica diferente de geração de testes ou alterando o método de deteção de vulnerabilidades.

## 1.3 Motivação

A computação na Internet é uma tecnologia que permite o acesso a recursos digitais em qualquer altura e a partir de qualquer local. Representa a eliminação das restrições de tempo e de lugar impostas pela deslocação de um local para outro, o que leva a que se passe a navegar na Internet com computadores e dispositivos móveis.

O clamor por serviços electrónicos em quase todas as facetas da atividade humana, como a aprendizagem em linha, a administração pública em linha, o comércio eletrónico, a passagem da transação bancária tradicional para a banca eletrónica, por exemplo, exige muito a navegação na Internet. Além disso, o custo financeiro da obtenção de informações é geralmente baixo, tendo em conta o valor e a conveniência que proporciona a cada utilizador.

No entanto, com todos estes avanços tecnológicos, as transacções baseadas na Web são propensas a vulnerabilidades que são exploradas pelos piratas informáticos para provocar o roubo de informações confidenciais, a perda de dados e a negação do acesso aos dados a utilizadores autorizados na causa da transmissão de informações. As formas mais comuns de explorar estas vulnerabilidades são através da injeção de códigos maliciosos num programa em execução. Estes códigos são executados se não forem descobertos e impedidos de produzir os seus efeitos. OWASP." the open web application security project," (2012) é da opinião que as duas vulnerabilidades mais comuns e graves das aplicações Web que ameaçam a privacidade e a segurança do cliente e das aplicações são atualmente a injeção de SQL (SQLI) e o Cross Site Scripting (XSS).

De acordo com (Baalzarotti et al, 2008; Kiczun,A., Guo, P.J., and Ernest, M.D., (2009), para combater as duas ameaças, foram aprovadas muitas abordagens de deteção de vulnerabilidades, como a análise estática de anomalias e os testes concólicos. No entanto, estas abordagens revelaram-se ineficazes na deteção de muitas vulnerabilidades de segurança. As abordagens de análise estática de anomalias são geralmente fáceis de utilizar, mas são ineficazes na prática devido à elevada taxa de falsos positivos. A perda de dados, a alteração de dados e mesmo a indisponibilidade de dados quando necessário em resultado do problema acima mencionado é alarmante e exige uma atenção séria. Estes códigos maliciosos injectados, se forem descobertos e impedidos de serem executados, podem salvar as transacções dinâmicas baseadas na Web dos problemas acima referidos. É este o domínio que este trabalho de investigação pretende abordar, a fim de melhorar a navegação na Internet e as transacções baseadas na Web.

Também observámos que os programadores individuais escrevem frequentemente o seu próprio código defensivo para proteger o programa específico pelo qual são responsáveis. Também observado por (Jovanovic et al, 2006; Xic e Aiken, 2006), muitas dessas funções personalizadas estão incorrectas, o que se deve frequentemente a conhecimentos insuficientes em matéria de segurança.

## 1.4 Objetivo do estudo

Este estudo de investigação tem como objetivo o desenvolvimento de um modelo baseado na segurança para a identificação e prevenção de Cross Site Scripts em navegadores Web, a fim de evitar o roubo de informações confidenciais, a perda de dados e a negação de acesso a dados a utilizadores autorizados na causa da transmissão de informações na Internet.

## 1.5 Objectivos do estudo

Para atingir o objetivo acima referido, é desenvolvido um modelo que:

- □ Identificar actividades maliciosas de códigos Cross Site Scripting ao abrir as páginas Web.
- □ Impedir a execução de códigos maliciosos entre sítios no browser do utilizador.
- □ Testar e avaliar a operacionalidade do sistema através de simulação.

## 1.6 Âmbito do estudo

Os problemas de insegurança e as suas soluções na navegação na Internet são numerosos. No entanto, o âmbito deste estudo limitar-se-á aos domínios da injeção de código e do cross site scripting nas transacções de aplicações Web através da Internet, utilizando navegadores Web.

## 1.7 Metodologia

Efectuámos uma análise e uma conceção de sistemas para combater os problemas de insegurança dos dados identificados e criámos uma arquitetura baseada na computação suave. A computação suave é uma abordagem emergente da computação que se assemelha à notável capacidade da mente humana para raciocinar e aprender num ambiente de incerteza e imprecisão. Utilizámos três paradigmas de computação suave, nomeadamente o algoritmo genético, a lógica difusa e a rede neural. A interação entre cada componente do sistema é especificada utilizando a Linguagem de Modelação Unificada (UML).

Utilizámos o Microsoft Access, o Microsoft Visual Studio 2010 e o PHP para o processo de simulação. Utilizámos um modelo ascendente para a nossa conceção. A avaliação do modelo foi efectuada através do teste de sítios fiáveis e não fiáveis conhecidos através da simulação.

# CAPÍTULO 2

## 1.2 Revisão da literatura

### Introdução

A informação é um ativo para os indivíduos e as empresas. A segurança da informação é a proteção da informação e dos sistemas de informação contra o acesso, a utilização, a divulgação, a modificação, a leitura, a inspeção, o registo ou a destruição não autorizados
Os negócios e a comunicação através da Internet passaram a fazer parte da nossa vida quotidiana. O recente crescimento das ligações à Internet de alta velocidade e da utilização de serviços de rede deu origem a problemas de segurança. As principais ameaças devem-se ao ambiente móvel dinâmico e à criação de novos códigos maliciosos para diversos fins - incluindo motivos económicos, políticos, criminosos e terroristas. Devido a estas ameaças à segurança, a confidencialidade, a integridade e a disponibilidade dos utilizadores estão em risco.

De acordo com Andey, P e Druty K (2008), "as vulnerabilidades de segurança nas aplicações Web podem resultar no roubo de dados confidenciais, na quebra da integridade dos dados ou afetar a disponibilidade das aplicações Web". Assim, a tarefa de proteger as aplicações Web é, atualmente, uma das mais urgentes.

Devido à ausência de software anti-malware bem desenvolvido para sítios Web, estes estão sempre sujeitos a vulnerabilidades da Web. Estas vulnerabilidades são exploradas pelos piratas informáticos para provocar o roubo de dados confidenciais, a perda de dados e a indisponibilidade de dados. A forma mais comum de explorar estas vulnerabilidades é através da injeção de códigos maliciosos em programas em execução. Estes códigos são executados para provocar a perda de confidencialidade, integridade e disponibilidade dos dados.

### Disponibilidade

Quando se consideram as ameaças criminosas da informação atual, os ataques de negação de serviço são os mais simples de pensar. Através do simples envio de códigos maliciosos para qualquer dispositivo informático, as aplicações podem ficar sobrecarregadas e deixar de responder a pedidos de serviço legítimos. A disponibilidade de informações e de recursos de sistemas são questões críticas que devem ser tratadas, especialmente num mundo competitivo como o nosso.

### Confidencialidade

O requisito mais fundamental e o aspeto mais conhecido de qualquer método de comunicação segura é a privacidade. As informações privadas são de grande valor e requerem grande proteção. Todas as pessoas querem que as suas transacções sejam tratadas com a máxima confidencialidade. A confidencialidade garante que apenas as entidades autorizadas têm acesso ao conteúdo das informações trocadas. Por exemplo, um espião não deve poder saber quais as transacções que um determinado utilizador está a executar. Em meios intrinsecamente transparentes como a Internet, é muito importante encontrar formas de garantir que, mesmo que um terceiro possa ver uma mensagem, não a possa compreender. Isto porque a informação que é divulgada a um utilizador não autorizado pode causar um grande dano ao indivíduo. Devido a estas questões, é imperativo que um indivíduo ou organização identifique estas potenciais ameaças a informações valiosas e, assim, implemente medidas de segurança adequadas, que é o objetivo deste trabalho de investigação.

### Integridade

A integridade é a exatidão e a fiabilidade da informação, dos sistemas e das redes. Num ambiente eletrónico em rede, tanto a empresa como os clientes devem confiar na infraestrutura que suporta o intercâmbio eletrónico de informações e serviços. Mais uma vez, a organização empresarial deve compreender as ameaças à integridade da informação e dos recursos, a fim de desenvolver métodos para minimizar esses riscos. Um terceiro pode não ser capaz de compreender uma mensagem à qual não tem acesso autorizado, mas pode alterar essa mensagem entre a origem e o destino. Dependendo do conteúdo da mensagem, essas alterações podem ou não ser visíveis para o destinatário da mensagem (por exemplo, a interferência indiscriminada numa mensagem de texto é normalmente mais fácil de detetar do que num bloco de dados binários). Por conseguinte, é muito importante dispor de técnicas para garantir que uma mensagem chegue ao destinatário pretendido exatamente da mesma forma que saiu do remetente. É o que se designa por proteção da integridade.

**Autenticação de entidades**

Os utilizadores devem ter a certeza de que estão a comunicar com a pessoa real que pretendem antes de lhe enviarem informações sensíveis. Um dispositivo deve conhecer a identidade de outro dispositivo antes de permitir a partilha de informações. De acordo com Smith (2002), "na Internet, ninguém sabe que és um cão".

**Autenticação de dados**

Refere-se à autenticação e integridade dos dados. Permite detetar a manipulação e a repetição de dados por partes não autorizadas. A manipulação de dados inclui a inserção, a eliminação e a substituição. Por conseguinte, os dispositivos informáticos devem garantir que as informações que recebem são genuínas e recentes (não reproduzidas).

## 2.1 Panorama histórico da segurança da informação

Desde os primórdios da escrita, os chefes de Estado e os comandantes militares compreenderam que era necessário prever mecanismos de proteção da confidencialidade da correspondência escrita e dispor de meios de deteção de adulterações.

Atribui-se a Júlio César a invenção da cifra de César ca. 50 a.C., que foi criada para evitar que as suas mensagens secretas fossem lidas, caso caíssem em mãos erradas.

A Segunda Guerra Mundial trouxe muitos avanços na segurança da informação e marcou o início do domínio profissional da segurança da informação.

O final do século XX e os primeiros anos do século XXI assistiram a rápidos avanços nas telecomunicações, no hardware e software informático e na encriptação de dados. A disponibilidade de equipamentos informáticos mais pequenos, mais potentes e menos dispendiosos tornou o processamento eletrónico de dados ao alcance das pequenas empresas e dos utilizadores domésticos. Estes equipamentos informáticos foram rapidamente interligados através de uma rede designada genericamente por Internet ou World Wide Web.

O rápido crescimento e a utilização generalizada do processamento eletrónico de dados e dos negócios electrónicos realizados através da Internet, juntamente com as numerosas ocorrências de terrorismo internacional, alimentaram a necessidade de melhores métodos de proteção dos dispositivos informáticos e das informações que estes armazenam, processam e transmitem. As disciplinas académicas de segurança informática, segurança da informação e garantia da informação surgiram juntamente com numerosas organizações profissionais - todas partilhando os objectivos comuns de garantir a segurança e a fiabilidade da informação e dos sistemas de informação

## 2.2 World Wide Web

A World Wide Web (WWW) é um sistema de hipertexto inventado em 1989 por Tim Berners-Lee no CERN. É a aplicação mais utilizada na Internet atual. Um grande número dos

chamados servidores Web está a oferecer aos seus clientes (chamados navegadores Web) documentos de vários tipos e conteúdos. A cada documento é atribuído um ou mais endereços únicos (chamados URL), contendo, entre outros, o nome de um servidor, a partir do qual o documento pode ser consultado.
A maioria destes documentos são páginas Web escritas em HTML, o que permite a referência a outros documentos através de hiperligações unidireccionais. Desta forma, é criada uma rede mundial de documentos interligados, daí o nome WWW. Um conjunto de páginas Web, acessíveis sob o mesmo domínio e que formam um conjunto coerente de informações, é designado por "sítio Web".
O protocolo de transferência de hipertexto (HTTP) é utilizado pelos navegadores para consultar documentos dos servidores e constitui, por conseguinte, a própria base da WWW. Especifica um esquema simples de pedido-resposta, oferecendo uma variedade de métodos para adaptação a diferentes objectivos.
Embora o método GET para consultar documentos seja certamente o mais conhecido e utilizado, existe também, por exemplo, um método POST para transmitir dados ao servidor.
Independentemente do método utilizado, o cliente está a enviar um URL para o servidor que, por sua vez, está a responder com um documento. Como resultado da interconexão mundial de documentos, os atacantes estão à procura de vulnerabilidades que possam explorar.

**2.3 O que é um ataque?**

De acordo com o dicionário oxford, um ataque é "tomar medidas violentas contra", mas em computadores e redes informáticas, um **ataque** é qualquer tentativa de destruir, expor, alterar, desativar, roubar ou obter acesso não autorizado a um bem ou fazer uma utilização não autorizada do mesmo.
A Internet Engineering Task Force define ataque no RFC 2828 como: Uma agressão à segurança do sistema que deriva de uma ameaça inteligente, ou seja, um ato inteligente que é uma tentativa deliberada (especialmente no sentido de um método ou técnica) de contornar os serviços de segurança e violar a política de segurança de um sistema.
A Instrução CNSS n.º 4009, de 26 de abril de 2010, do Comité dos Sistemas de Segurança Nacional dos Estados Unidos da América, define um ataque como
Qualquer tipo de atividade maliciosa que tente recolher, perturbar, negar, degradar ou destruir recursos do sistema de informação ou a própria informação.
Injeção de código é o nome geral para vários tipos de ataques que injectam código impróprio no interpretador de scripts. Isto pode ser conseguido através de diferentes dimensões que foram discutidas mais adiante neste estudo.

**2.4 História da pirataria informática**

Há alguns anos, a pirataria informática era uma atividade clandestina normalmente associada a brincalhões em busca de emoção, cuja principal intenção era mostrar as suas capacidades informáticas ou expressar os seus sentimentos anti-autoritários. Embora a atividade dos hackers fosse frequentemente ilegal, raramente era maliciosa. Alguns dos primeiros piratas informáticos da década de 1970 concentraram-se no sistema telefónico. Chamando-se a si próprios "phreaks" ou "phreakers", ajudavam-se a libertar longas distâncias simulando os sons dos sinais telefónicos.
Na década de 1980, quando os computadores pessoais se tornaram amplamente disponíveis, os phreaks e outros piratas informáticos começaram a utilizar modems para se ligarem a Bulletin Board system (BBSes), onde trocavam mensagens e ensinavam como entrar em computadores para roubar palavras-passe e causar outros tipos de destruição eletrónica. Em

1986, os piratas informáticos tinham ameaçado sistemas informáticos governamentais e empresariais em número suficiente para levar o governo dos EUA a considerar a pirataria informática um crime. Em 1988, como prenúncio dos tipos de ataques que se avizinhavam, a Arpanet, precursora da Internet do governo dos EUA, foi paralisada por um programa "worm" de um pirata informático que se auto-replicava experimentalmente e que se espalhou por 6000 computadores da rede. Por volta do início da Internet comercial, nos anos 90, começou a surgir uma segunda vaga de pirataria informática, que assumiu uma sensibilidade mais abertamente criminosa. Um dos mais famosos ataques desta segunda vaga foi atribuído ao famoso hacker em série Kevin Mitnick, que acabou por ser preso por ter roubado 20 000 números de cartões de crédito.

De acordo com a publicação do Hacking Alert.com (2009) "Também na década de 1990, um grupo de piratas informáticos invadiu os computadores do Citibank e desviou 10 milhões de dólares para a sua conta bancária no estrangeiro" Desde o início da década de 1990, os piratas informáticos desenvolveram um repertório de estratégias de ataque cada vez mais inteligente e em rápida mutação: incorporação de programas grosseiros em aplicações legítimas, instalação de gravadores de teclas nos computadores de utilizadores incautos, falsificação de sítios Web legítimos para "phishing" de dados pessoais, sequestro de informações de bases de dados através de ataques de injeção de SQL e até mesmo alistamento de exércitos maciços de computadores zombies ("botnets") para lançar phishing, e-mails e spam. De acordo com Marc Fossi et al (2008), hoje em dia, todas as classes de cibercriminosos, desde os pequenos vigaristas que pretendem ganhar dinheiro rapidamente até aos sindicatos internacionais do crime, estão a entrar no mercado global do cibercrime para comprar e vender kits de malware, números de cartões de crédito roubados, manuais de "como fazer hacking" e serviços de desenvolvimento de software criminalizado, numa economia paralela que valeu mais de 750 milhões de dólares em 2007.

Agora, com o advento daquilo a que alguns tecnólogos chamam a "Internet das coisas", estamos a deparar-nos com uma terceira vaga de pirataria informática - que abrange não só computadores e redes com fios, mas também dispositivos inteligentes: telefones sem fios, routers e switches, impressoras, sistemas SCADA (Supervisory Control and Data Acquisition) e até dispositivos médicos. Esta nova vaga de pirataria informática está preparada para ultrapassar a fase de amadorismo e passar diretamente para ataques sofisticados, bem aperfeiçoados e maciçamente coordenados. Está agora a tornar-se claro que a terceira vaga de pirataria informática incluirá quase de certeza ataques cibernéticos terroristas contra a infraestrutura industrial e de serviços públicos (a "rede inteligente") - um perigo que já não podemos descartar como um cenário de filme de espionagem.

### 2.5 Fontes de ameaças das aplicações Web.

As aplicações Web utilizam um conjunto heterogéneo de linguagens de programação - as linguagens que são utilizadas para escrever a lógica da aplicação e várias linguagens de suporte. As linguagens de suporte são, por exemplo, linguagens do lado do servidor para gestão de dados, como SQL, e linguagens de interface do lado do cliente, como HTML e Java Scripts. Estas linguagens são tratadas como valores de cadeia pela lógica da aplicação. Não existe, portanto, qualquer meio sintático para distinguir entre código executável e dados genéricos. Esta circunstância é a raiz da maioria das vulnerabilidades de injeção de código. Os atacantes conseguem fornecer dados maliciosos que são executados pela aplicação como código. O HTML, a norma de interface de utilizador de facto para as aplicações modernas na Internet, é outra causa de ameaças às aplicações Web. O HTML utiliza as chamadas etiquetas

para enriquecer a informação textual. Além disso, o HTML pode acrescentar campos de formulário que aceitam a entrada do utilizador e até executar lógica empresarial sob a forma de código de script que é enviado juntamente com a página HTML. Este código de script é processado pelo programa de navegação do utilizador e pode recarregar dinamicamente conteúdos adicionais do servidor Web e alterar subsecções do ecrã atual sem necessidade de recarregar a página inteira. Os documentos HTML, tal como os XML, apresentam uma estrutura em forma de árvore e, para além de texto puro, podem conter elementos de marcação (negrito, itálico, etc.), hiperligações, bem como meta-informação (língua, autor). Outros documentos, como imagens, animações, música ou outras páginas Web, podem ser incluídos através dos seus URLs. Quando um navegador está a visualizar uma página Web, tem de enviar uma série de pedidos HTTP, provavelmente para vários servidores diferentes.
medida que as redes aumentam a sua largura de banda, todos os dispositivos da Internet ficam substancialmente expostos a vulnerabilidades de segurança na Internet. As vulnerabilidades de segurança nas aplicações Web podem resultar no roubo de dados confidenciais, na quebra da integridade dos dados ou afetar a disponibilidade das aplicações Web.
De acordo com Andrew (2006), 60% das vulnerabilidades encontradas afectam as aplicações Web. A forma mais comum de proteger as aplicações Web consiste em procurar e eliminar as suas vulnerabilidades. As estatísticas afirmam que 90% de todos os sítios Web têm pelo menos uma vulnerabilidade e 70% de todas as vulnerabilidades são do tipo "cross site scripting". O Cross Site Scripting é um dos ataques de injeção de código.
Um ataque de injeção de código é um método através do qual um atacante insere código malicioso num processo em execução e transfere a execução para o seu código malicioso. Desta forma, o atacante pode ganhar o controlo de um processo em execução, fazendo-o gerar outros processos, modificar ficheiros do sistema, etc.
A injeção de código é um tipo de exploração causado pelo processamento de dados inválidos. O conceito dos ataques de injeção consiste em introduzir (ou "injetar") código malicioso num programa de modo a alterar o curso da execução. Esse ataque pode ser efectuado adicionando cadeias de caracteres maliciosos a valores de dados sob a forma de valores de argumentos no URL. Os ataques de injeção tiram geralmente partido de uma validação inadequada dos dados de entrada/saída, que pode ser causada por qualquer um dos seguintes exemplos
Falta de definição de uma classe de caracteres permitidos (como expressões regulares padrão ou classes personalizadas)
Falta de restrição do formato dos dados (por exemplo, formato de data aaa/mm/dd)
Falta de controlo da quantidade de dados previstos (por exemplo, restrição do comprimento máximo)
Falta de restrição do tipo de dados (por exemplo, apenas entrada numérica)
Injeção de código é o nome geral para vários tipos de ataques que injectam código impróprio no interpretador de scripts. Isto pode ser conseguido através de diferentes dimensões que incluem:
**Nível Web**
**Nível da aplicação/base de dados**
**Nível do sistema operativo (SO)**
### 2.5.1 Nível da Web
Atualmente, a maioria dos sítios Web incorpora conteúdos dinâmicos nas suas páginas Web para melhorar a experiência e as funcionalidades do utilizador. Os conteúdos dinâmicos são gerados pelo respetivo processo de servidor, que pode comportar-se e ser apresentado de

forma diferente de acordo com as definições e os requisitos dos utilizadores quando é entregue. Os sítios Web dinâmicos são mais vulneráveis a um tipo de injeção de código, denominado Cross-Site Scripting ("XSS"), do que os sítios Web estáticos tradicionais.
Nesta forma de ataque por injeção, os atacantes introduzem scripts impróprios nos navegadores Web. A técnica mais frequentemente utilizada é a injeção de JavaScript, VBScript, ActiveX, HTML, Flash ou qualquer outro tipo de código que os navegadores da Web possam executar.

**2.5.2 Cross Site Scripting**

O scripting entre sítios é uma ameaça às aplicações Web que ocorre quando uma aplicação Web recolhe dados maliciosos de um utilizador. Os dados são normalmente recolhidos sob a forma de hiperligação que contém conteúdo malicioso. É muito provável que o utilizador clique na hiperligação a partir de outro sítio Web, de uma mensagem instantânea ou da simples leitura de um quadro Web ou de uma mensagem de correio eletrónico. Normalmente, o atacante codifica a parte maliciosa da hiperligação para o sítio em HEX (ou outros métodos de codificação) para que o pedido tenha um aspeto menos suspeito para o utilizador quando clicado. Depois de os dados serem recolhidos pela aplicação Web, esta cria uma página de saída para o utilizador contendo os dados maliciosos que foram originalmente codificados de forma a parecerem conteúdo válido do sítio Web.
Os vectores de ataque de Cross Site Scripting são normalmente categorizados em 3 classes.

**XSS baseado em DOM (Tipo0)**

Os scripts Java incorporados podem modificar o seu documento HTML de várias formas, incluindo a inserção de outros scripts. Os scripts que não são cuidadosamente escritos, por exemplo, inserem algumas partes do URL na página, o que, por conseguinte, também pode causar a execução de scripts contidos. Este tipo de vetor de ataque é conhecido como XSS "typeO" ou "DOM-based".
O payload não é necessariamente extraído do URL. O que é significativo para este tipo de ataque é apenas o facto de o script malicioso não existir no documento enviado do servidor Web para o browser. É imaginável, por exemplo, que algum valor da base de dados seja escrito no valor de um atributo durante a geração e, enquanto a página é apresentada num navegador, seja reinserido noutro ponto da página por um JavaScript. Um ataque que coloque um script na localização apropriada na base de dados seria, portanto, tão persistente como o XSS armazenado, mas incrivelmente mais difícil de detetar.
Uma vez realizada a injeção com êxito, os piratas informáticos podem efetuar uma série de ataques maliciosos, incluindo o sequestro de contas, a alteração das definições do utilizador, o roubo e envenenamento de cookies ou a publicidade falsa. Além disso, se os piratas informáticos descobrirem que um sítio Web é vulnerável a um ataque de CrossSite Scripting ("XSS"), podem executar scripts num programa de navegação para comprometer o sítio Web e colocar as suas imagens de desfiguração nessa página, mostrando que o sítio Web foi pirateado, o que afectará a disponibilidade do serviço e poderá causar danos à reputação da organização. Mais grave ainda, os piratas informáticos podem redirecionar a página para uma página maliciosa.

**XSS refletido (Tipol)**

Se um programa gerador injetar o conteúdo de um parâmetro no documento sem a devida filtragem, permitindo assim que um script incorporado neste parâmetro seja incluído na página, chamamos a isto uma "vulnerabilidade XSS reflectida". O servidor Web está, por assim dizer, a "refletir" o script de volta para o browser. Este tipo de vulnerabilidade é

extremamente comum e ainda é considerado inofensivo por muitos programadores Web. Mas, como a WWW é um ambiente de hiperligações, o utilizador não tem qualquer poder para controlar os URLs que o seu navegador consulta. Um simples clique numa ligação criada é suficiente para executar um script malicioso como este.
Um cenário típico: O operador de um fórum qualquer (http://www.forum.com) configurou o seu servidor Web para apresentar uma descrição simpática juntamente com a página de erro 404 - 'página não encontrada'. Claro que esta descrição também inclui o nome do documento que não foi encontrado. Incautamente, ele esqueceu-se de filtrar corretamente o URL. Agora, um utilizador desse fórum (um atacante) adiciona um novo tópico, falando de um excelente site que descobriu recentemente e fornecendo também um link. O link, no entanto, aponta para http://www.forum.com/<scriptsrc='hacker.org/xss.js'></script>. Se outro utilizador clicar na hiperligação, o seu browser enviará um pedido ao servidor Web do forum.com, pedindo uma página com o nome
<script src='hacker.org/xss.js'></script>. Como o servidor não tem conhecimento de nenhum documento com esse nome, responde com a sua simpática página de erro, incluindo o nome. O browser do utilizador, por sua vez, irá obviamente executá-lo como um script externo do site hacker.org, que por coincidência é controlado pelo atacante. Qualquer código JavaScript que o atacante carregue para hacker.org será assim executado com a sua origem definida para http://www.forum.com:80, permitindo ao atacante, por exemplo, ler os cookies do fórum e enviar o seu conteúdo para um servidor Web à sua escolha.

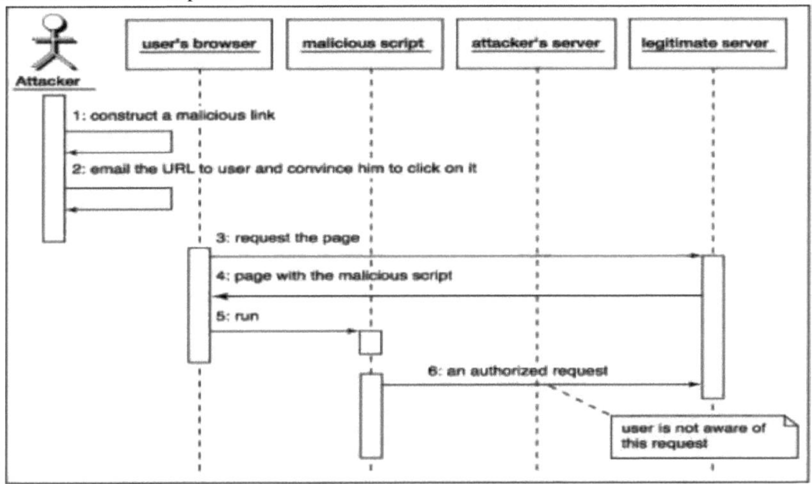


**Fig. 2.1: Um cenário de ataque de scripting entre sítios refletido**

**XSS armazenado (Tipo2)**

Como já foi referido, a maioria dos sítios dinâmicos utiliza algum tipo de base de dados para armazenar as entradas dos utilizadores.
Pelo menos alguns deles acabarão por ressurgir como parte das páginas de saída, dentro dessa respectiva aplicação Web. Uma filtragem de entrada insuficiente pode, neste caso, levar a que um script seja armazenado na base de dados. Uma vez que a maioria dos programadores considera o conteúdo da sua base de dados fiável, é muito provável que a filtragem de saída também seja insuficiente. Uma vulnerabilidade como esta permite a um adversário injetar

persistentemente um payload, que será executado em qualquer browser que visite a página. Como exemplo, podemos simplesmente imaginar que o fórum do exemplo de XSS refletido permitiria aos seus utilizadores inserir código JavaScript arbitrário nas suas mensagens. Neste caso, o atacante não teria de forjar uma ligação, mas poderia incluir o payload diretamente na sua mensagem.

Assim, o ataque já não exigiria que se clicasse na hiperligação, mas bastaria ver a publicação.

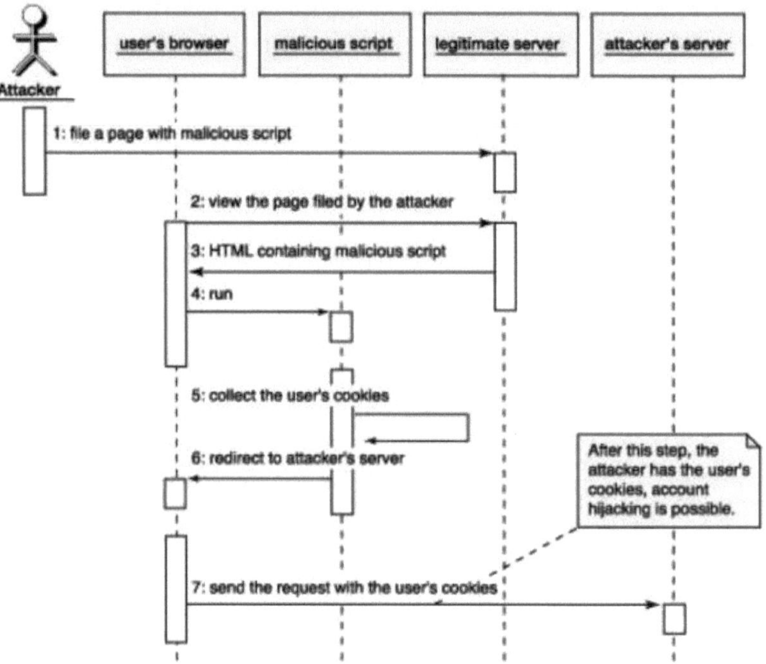


**Fig. 2.2: Um cenário de ataque de scripting entre sítios armazenado**

**Nível da aplicação/base de dados (injeção de SQL)**

Atualmente, a implementação de aplicações Web é um meio popular para permitir aos utilizadores pesquisar facilmente dados específicos na Internet ou na intranet. Por exemplo, uma universidade pode criar um portal Web que permita aos seus estudantes procurar informações sobre os seus cursos e registos académicos.

O ataque de injeção de aplicações Web visa explorar um sítio Web através da introdução de dados indevidos fornecidos pelo utilizador. Estes ataques envolvem normalmente a injeção de comandos maliciosos através dos dados de entrada apresentados pelo cliente, que são posteriormente transmitidos ao servidor para afetar a execução de consultas predefinidas.

Uma exploração bem sucedida de injeção de aplicações Web pode ler dados sensíveis da base de dados, modificar dados da base de dados e executar operações administrativas na base de dados (por exemplo, desligar o sistema de gestão da base de dados (DBMS)). Duas técnicas de injeção comuns, a injeção de SQL e a injeção de LDAP, inserem-se nesta categoria.

**Injeção de SQL**

O ataque de injeção SQL consiste na injeção de comandos SQL maliciosos através de dados de entrada do cliente para a aplicação, que são posteriormente transmitidos a uma instância de uma base de dados para execução e visam afetar a execução de comandos SQL predefinidos. A principal forma de injeção de SQL consiste na inserção direta de código em variáveis introduzidas pelo utilizador, que são concatenadas com comandos SQL e executadas. Um ataque menos direto injecta código malicioso em cadeias de caracteres que se destinam a ser armazenadas numa tabela ou como metadados. Quando as cadeias armazenadas são subsequentemente concatenadas em comandos SQL dinâmicos, o código malicioso é então executado.

Uma exploração de injeção SQL bem sucedida pode aceder a dados sensíveis na base de dados, modificar dados da base de dados, executar operações administrativas na base de dados (por exemplo, encerrar o SGBD), recuperar o conteúdo de um determinado ficheiro presente no sistema de ficheiros do SGBD e, em alguns casos, emitir comandos para o sistema operativo.

**Tabela 2.1: Exemplos de injeção de SQL**

Exemplo 1: Perda de dados

| | |
|---|---|
| Utilizador IrpLt | Chris ; CFOP TABLE USEF_TABLE;- |
| Consulta | £ E LE CT pe ss word FRO M USE RTABLE<br>WHEF.E Lserrarie ='Chris'; **DROP TABLE USER_TABLE;--'** |
| Fas Lit | USE R_TABLE é delatado pelo utilizador. |

Exemplo 2: Fuga de dados

| | |
|---|---|
| Utilizador IrpLt | 'E 1^0 UNION<br>S E LE CT ca rd_r Lmbar AS Lid, ca ra_holdGr_rame AS ara me, expiry_date AS pe s sword<br>FFO M<br>CF.EDITCAFC' |
| Cais | S E LE CT Tampa, Lra me, palavra de passagem FFO M USE RS WH E F.E ana ma=' **AN D<br>1=0 UNION<br>SELECTcard_numbar AS uid,card_holdar_namaASunams, axpiry_data AS password<br>FROM<br>CARTÃO DE CRÉDITO** |

**Injeção LDAP**

O protocolo LDAP (Lightweight Diretory Access Protocol) é um protocolo de norma aberta para consulta e manipulação de serviços de diretórios X.500. O protocolo LDAP é executado através de protocolos de transporte da Internet, como o TCP. As aplicações Web podem aproveitar a entrada fornecida pelo utilizador para criar instruções LDAP personalizadas para pedidos dinâmicos de páginas Web.

A injeção LDAP é uma técnica de ataque que permite explorar aplicações Web que utilizam dados fornecidos pelo cliente em declarações LDAP sem primeiro retirar do pedido caracteres potencialmente nocivos.

Quando uma aplicação web não consegue higienizar corretamente a entrada fornecida pelo utilizador, é possível a um atacante alterar a construção de uma instrução LDAP. Quando um atacante consegue modificar uma instrução LDAP, o processo será executado com as mesmas permissões que o componente que executou o comando. (por exemplo, servidor de bases de dados, servidor de aplicações Web, servidor Web, etc.). Isto pode causar sérios problemas de segurança quando as permissões concedem os direitos de consultar, modificar ou remover qualquer coisa dentro da árvore LDAP. As mesmas técnicas avançadas de exploração disponíveis na injeção de SQL podem também ser aplicadas de forma semelhante na injeção de LDAP.

**Nível do sistema operativo**

Injeção de comandos O/S ("Shell Injection")

A injeção de comandos do SO é também conhecida como sanitização inadequada de elementos especiais utilizados num comando do SO e é uma técnica utilizada através de uma interface Web para executar comandos do SO num servidor Web.

O utilizador fornece a totalidade ou parte de um comando do SO malformado através de uma interface Web.

Algumas aplicações shell, com base nas entradas fornecidas pelo utilizador, teriam de selecionar o programa a executar, os comandos a utilizar e os argumentos para o programa. Qualquer interface Web que não higienize corretamente os dados de entrada é vulnerável a esta exploração.

Com a capacidade de executar comandos do SO, o utilizador pode injetar comandos inesperados e perigosos, carregar programas maliciosos ou mesmo obter palavras-passe diretamente do sistema operativo. O problema é agravado se o processo comprometido não seguir o princípio do privilégio mínimo, porque os comandos controlados pelo atacante podem ser executados com privilégios especiais do sistema que aumentam a quantidade de danos.

Os piratas informáticos podem modificar as informações contidas na base de dados se a configuração do direito privilegiado do utilizador for inadequada. Os piratas informáticos podem mesmo aceder e modificar a tabela de privilégios de autorização e, em seguida, efetuar outros ataques, como a execução de operações administrativas na base de dados e o encerramento do SGBD para tornar as informações ou os serviços indisponíveis quando necessário.

Através da injeção de comandos do SO, os atacantes podem executar comandos administrativos do SO para encerrar o sistema operativo, o que pode causar a interrupção do serviço.

Em suma, os diferentes tipos de ataques de injeção de código podem afetar seriamente os sítios Web e o sistema operativo, desde a fuga de dados, o roubo de dados até à interrupção do serviço. O efeito resultante destas consequências pode provocar a perda de informações confidenciais de indivíduos, a perda de reputação de uma organização ou até mesmo processos judiciais se houver perda de dados sensíveis ou violação de obrigações contratuais.

Em 21 de setembro de 2010, vários sites alojados na Go Daddy, o maior registador de nomes de domínio do mundo, tiveram código malicioso injetado nas suas páginas. Todos os sites infectados tinham JavaScript codificado na base 64 adicionado a todos os seus ficheiros PHP. O scripting malicioso descodifica um elemento, que carrega conteúdos de um domínio de terceiros. O código externo redirecciona os visitantes para um site de distribuição de scare ware (ou seja, software antivírus nocivo), que imita um scan antivírus e apresenta avisos falsos sobre infecções nos seus computadores. O objetivo do scan é enganar os utilizadores para que comprem licenças para uma aplicação inútil que afirma ser capaz de limpar malware e obter as informações do seu cartão de crédito.

**Métodos de ataque**

Um ataque de injeção de código pode ser considerado como sendo realizado em quatro fases distintas relacionadas.

(I) O atacante injecta código no espaço de endereço de um processo

(II) O atacante determina o endereço do código injetado

(III) O atacante de alguma forma sequestra o contador do programa para apontar para o código injetado

(IV)O código injetado é executado

Para compreender os ataques de scripts entre sítios, é importante começar por compreender como os navegadores processam o HTML. Atualmente, o HTML é utilizado para construir aplicações comerciais de interação altamente complexas que contêm dados sensíveis e informações sobre o estado da sessão do processo comercial. Quando um navegador descarrega uma página HTML de um servidor Web, tem primeiro de analisar o conteúdo HTML antes de poder processar a página. Durante a análise, o navegador identifica todas as etiquetas com os seus atributos e a informação textual entre elas. O resultado da análise é o chamado modelo de objeto de documento (DOM), uma representação em forma de árvore da estrutura de etiquetas/atributos/texto da página HTML. Com base nas informações contidas nas etiquetas e nos atributos, o navegador descarrega o conteúdo da página. Quando todo o conteúdo necessário estiver disponível, a página pode ser completamente processada e o código de script será executado.

O que é importante ter em mente aqui é que todo o conteúdo HTML é processado pelo cliente (browser). Nenhuma parte pode ser pré-processada no servidor. Por outras palavras, o browser processa qualquer HTML que lê do servidor, apresenta-o de acordo com as etiquetas nele contidas e executa qualquer código de script incorporado. Este modelo baseia-se no pressuposto de que o servidor não envia código malicioso juntamente com a página. E é aqui que o cross site scripting entra na página.

As aplicações empresariais não teriam grande utilidade se os utilizadores não pudessem interagir com elas. A forma mais comum de interação do utilizador numa aplicação comercial é clicar em ligações ou botões e preencher formulários.

A dada altura, outra pessoa irá ler uma página HTML renderizada dinamicamente que apresenta conteúdos que outro utilizador introduziu previamente num formulário.

Alguns exemplos óbvios são:

- Vender bens num leilão em linha
- Escrever um blogue
- Colocar um CV numa plataforma de rede
- Fazer ou responder a perguntas no fórum
- Candidatar-se a um emprego num portal de recrutamento.

Se os dados do utilizador enviados para o servidor não forem apenas texto, mas contiverem etiquetas HTML e as etiquetas forem incorporadas na página HTML juntamente com a entrada de texto do utilizador, todo o resultado será transferido para o programa de navegação de qualquer utilizador que solicite a página. Depois, o navegador processa a página, incluindo as etiquetas introduzidas por outro utilizador. Estas são as portas que os piratas informáticos procuram para incorporar as suas etiquetas maliciosas numa página.

O XSS é uma epidemia que é frequentemente considerada um ataque que não merece muita preocupação, mas é um ataque de grandes consequências, se utilizado por um atacante motivado. As estatísticas afirmam que 90% de todos os sítios Web têm pelo menos uma vulnerabilidade e 70% de todas as vulnerabilidades são XSS. Embora se acredite que o ataque XSS não invade o servidor, no interesse dos consumidores, como os proprietários de telemóveis, é digno de consideração. O XSS explora consumidores inocentes e ingénuos que se tornam vítimas e o seu bem-estar financeiro é muitas vezes deixado aos gananciosos e maliciosos.

Os ataques XSS podem resultar de entradas oferecidas aos clientes pelos sítios Web - campo de pesquisa, páginas de feedback, fóruns e áreas de comentários. São fáceis de apanhar se o que estão a permitir nesses fóruns ou o que estão a permitir que seja devolvido aos seus utilizadores não forem devidamente validados.

Os parâmetros Get são a forma mais fácil de registar scripts e de os fazer executar. Os parâmetros GET incorretamente validados estão abertos a ataques.

Os proprietários de sítios Web gostam de pensar que, só porque utilizam o Secure Socket Layer, tudo deve ser seguro. Os clientes também pensam o mesmo, mas isso não é verdade. Os piratas informáticos procuram sempre a página de início de sessão para inserir os seus códigos, onde podem facilmente enganar os utilizadores.

**Riscos associados ao XSS para aplicações Web**

O scripting entre sítios apresenta vários riscos para as aplicações que incluem, entre outros, os seguintes:

1) Os utilizadores podem, sem saber, executar scripts maliciosos quando visualizam páginas geradas dinamicamente com base em conteúdos fornecidos por um atacante.

2) Um atacante pode assumir o controlo da sessão do utilizador antes de o cookie de sessão do utilizador expirar.

3) Um atacante pode ligar os utilizadores a um servidor malicioso à escolha do atacante.

4) Um atacante que consiga convencer um utilizador a aceder a um URL fornecido pelo atacante pode fazer com que um script ou HTML à escolha do atacante seja executado no browser do utilizador. Utilizando esta técnica, um atacante pode realizar acções com os privilégios do utilizador que acedeu ao URL, tais como emitir consultas nas bases de dados SQL subjacentes e visualizar os resultados e explorar as implementações defeituosas conhecidas no sistema alvo.

5) As ligações encriptadas SSL podem ser expostas: As etiquetas de script malicioso são introduzidas antes de a ligação encriptada Secure Socket Layer (SSL) ser estabelecida entre o cliente e o servidor legítimo. O SSL encripta os dados enviados através desta ligação, incluindo o código malicioso, que é transmitido em ambas as direcções. Ao mesmo tempo que assegura que o cliente e o servidor estão a comunicar sem bisbilhotar, o SSL não tenta validar a legitimidade dos dados transmitidos. Uma vez que existe um diálogo legítimo entre o cliente e o servidor, o SSL não comunica quaisquer problemas. O código malicioso que tenta ligar-se a um URL não SSL pode gerar mensagens de aviso sobre a ligação insegura, mas o atacante pode contornar este aviso simplesmente executando um servidor Web com capacidade SSL.

6) Os ataques podem ser persistentes através de cookies envenenados - Uma vez executado o código malicioso que parece ter vindo do sítio Web autêntico, os cookies podem ser modificados para tornar o ataque persistente. Especificamente, se o sítio Web vulnerável utilizar um campo do cookie na geração dinâmica de páginas, o cookie pode ser modificado pelo atacante para incluir código malicioso. As futuras visitas ao sítio Web afetado (mesmo a partir de ligações de confiança) ficarão comprometidas quando o sítio pedir o cookie e apresentar uma página baseada no campo que contém o código.

7) O atacante pode aceder a sítios Web restritos a partir do cliente - Ao construir um URL malicioso, um atacante pode ser capaz de executar código de script na máquina do cliente que expõe dados de um servidor vulnerável dentro da intranet do cliente. O atacante pode obter acesso não autorizado a um servidor Web da intranet se o cliente comprometido tiver autenticação em cache para o servidor visado [14]. Não é necessário que o atacante se faça passar por um sistema específico. Um atacante só precisa de identificar um servidor de intranet vulnerável e convencer o utilizador a visitar uma página de aspeto inocente para

expor dados potencialmente sensíveis no servidor de intranet.

8) As políticas de segurança baseadas no domínio podem ser violadas - Se o navegador do utilizador estiver configurado para permitir a execução de linguagens de script a partir de alguns anfitriões ou domínios e impedir este acesso a partir de outros, os atacantes podem conseguir violar esta política. Ao incorporar etiquetas de script maliciosas num pedido enviado a um servidor que tem permissão para executar scripts, um atacante pode também obter este privilégio. Por exemplo, as "zonas" de segurança do Internet Explorer podem ser subvertidas por esta técnica.

9) A utilização de conjuntos de caracteres menos comuns pode apresentar riscos adicionais - Os navegadores interpretam as informações que recebem de acordo com o conjunto de caracteres escolhido pelo utilizador, se não for especificado nenhum conjunto de caracteres na página devolvida pelo servidor Web. No entanto, muitos sítios Web não especificam explicitamente o conjunto de caracteres (mesmo que codifiquem ou filtrem caracteres com significado especial), deixando em risco os utilizadores de conjuntos de caracteres alternativos.

10) O atacante pode alterar o comportamento dos formulários - Em algumas condições, um atacante pode ser capaz de modificar o comportamento dos formulários, incluindo a forma como os resultados são submetidos.

11) Ataques de negação de serviço - Para se propagar, um JavaScript precisa de ler o conteúdo da página Web, quando carregado no browser do cliente. O Ajax, que utiliza extensivamente o JavaScript, permite que os hackers desenvolvam worms de aplicações. Os worms podem afetar os utilizadores através de aplicações Web, como correio, sítios Web comunitários/sociais que dão acesso aos dados do utilizador. Por exemplo, para aceder à caixa de correio ou a um sítio de rede social, o utilizador inicia sessão na aplicação Web. Quando o utilizador acede à caixa de correio ou à página Web da rede social, esta apresenta a identificação do utilizador, a sua lista de contactos, etc. na página Web. Suponhamos que o pirata informático atraiu o utilizador para aceder à página Web do pirata informático através de um e-mail ou enviando uma mensagem ao utilizador. Quando o utilizador acede à página Web do pirata informático, o código malicioso na página Web do pirata informático é executado sem o conhecimento do utilizador. O código malicioso lê os detalhes disponíveis na página Web do utilizador e anexa o código vulnerável não só ao utilizador, mas também à lista de contactos do utilizador, propagando-se assim de forma assíncrona.

## 2.6 Vulnerabilidade XSS

Uma página Web contém texto e marcações HTML que são geradas pelo servidor e interpretadas pelo navegador do cliente. Os sítios Web que geram apenas páginas estáticas podem ter controlo total sobre a forma como o utilizador do navegador interpreta essas páginas. Os sítios Web que geram páginas dinâmicas não têm controlo total sobre a forma como os seus resultados são interpretados pelo cliente, devido aos conteúdos não fiáveis que podem ser introduzidos numa página dinâmica. Esses conteúdos duvidosos podem ser introduzidos através de código malicioso fornecido por um cliente a outro cliente; por exemplo, um atacante pode criar um URL com um script malicioso e levar o utilizador a clicar nele. Isto pode ser feito através de muitos meios, como ligações por correio eletrónico, eventos de passagem do rato ou imagens. A execução do script pode registar as informações dos cookies do utilizador. Com o cookie roubado, o atacante terá acesso à conta do utilizador e terá todos os privilégios.

## 2.7 Métodos existentes para atenuação de XSS

### 2.7.1 Detetar vulnerabilidades de segurança em aplicações Web utilizando análise dinâmica e testes de penetração

A motivação subjacente a esta investigação é garantir a segurança das aplicações Web para evitar o roubo de dados confidenciais, a quebra da integridade dos dados ou problemas que afectem a disponibilidade das aplicações Web. O objetivo desta investigação é detetar vulnerabilidades de segurança nas aplicações Web

O método aplicado nesta investigação para procurar e detetar vulnerabilidades de segurança em aplicações Web é o modelo de modo contaminado alargado. No modelo de modo contaminado alargado, foram incorporadas as vantagens dos testes de penetração e da análise dinâmica para melhorar a metodologia.

A abordagem dos testes de penetração baseia-se na simulação de ataques, ou seja, em vários padrões maliciosos, por exemplo, ataques XSS contra aplicações Web, para depois analisar os seus resultados. Se forem observados erros na aplicação, parte-se do princípio de que existe uma possível vulnerabilidade. Baseia-se na análise da aplicação Web do lado do cliente. Esta abordagem é também conhecida como teste de caixa negra.

Esta abordagem não garante nem a exatidão nem a exaustividade dos resultados obtidos. Não tem em conta o estado da aplicação Web e o seu esquema de base de dados.

O seu âmbito de análise está limitado às respostas HTTP. "O utilizador externo não sabe quais são os caminhos do fluxo de dados da aplicação Web e só pode observar as respostas HTTP.

A análise dinâmica baseia-se na análise de aplicações Web do lado do servidor. Assim, tem acesso aos elementos internos do processo de execução da aplicação Web. Por conseguinte, tem o potencial de ser mais precisa do que os testes de penetração.

Esta abordagem é efectuada em trajectórias executadas e não dá qualquer garantia sobre trajectórias não abrangidas durante uma determinada execução.

A análise dinâmica e estática utiliza o Tainted Mode Model para encontrar vulnerabilidades de segurança que causam uma validação de entrada incorrecta.

### 2.7.2 Prevenção de ataques de Cross Site Scripting nas actuais aplicações Web

A motivação desta investigação é aumentar a segurança dos dados e dos recursos da aplicação Web, uma vez que as abordagens existentes para proteger as aplicações tradicionais não são suficientes.

O objetivo desta investigação é evitar o comprometimento da relação de confiança entre um utilizador e o sítio da aplicação Web.

Para atingir o objetivo acima referido, o investigador apresenta uma solução que se baseia na utilização de certificados X.509 e XACML para a expressão de políticas de autorização. Trata-se de uma solução do lado do servidor em que o programador de uma determinada aplicação Web pode expressar especificamente os seus requisitos de segurança e exigir a aplicação adequada desses requisitos num navegador Web compatível.

Fraqueza das estratégias baseadas em políticas, como demonstrado na proposta, uma vez que um servidor proxy se destina a ser colocado no sítio da aplicação Web para filtrar os fluxos de dados de entrada e de saída. O seu processo de filtragem tem em conta um conjunto de regras políticas definidas pelos criadores da aplicação Web.

A limitação reside na falta de análise das estruturas sintácticas, que podem ser utilizadas por atacantes habilidosos para iludir o seu mecanismo de deteção e efetuar consultas maliciosas. A simples utilização de expressões regulares pode claramente ser utilizada para evitar filtros.

Em segundo lugar, a semântica da linguagem política proposta pode não ser claramente comunicada e, por conseguinte, a sua utilização para a definição de regras gerais de filtragem

para qualquer par possível de aplicação/navegador parece uma tarefa trivial e propensa a erros.
Em terceiro lugar, a colocação do proxy de filtragem no lado do servidor pode introduzir rapidamente limitações de desempenho e de escalabilidade no desenvolvimento da aplicação.
Os proxies de filtragem e análise, especialmente no lado do servidor, introduzem limitações importantes no que respeita ao desempenho e à escalabilidade de uma determinada aplicação Web.
Em segundo lugar, os scripts maliciosos podem ser incorporados no documento trocado de uma forma muito ofuscada, por exemplo, codificando o código malicioso em hexadecimal ou em métodos de codificação mais avançados, a fim de parecerem menos suspeitos para os arquivadores/analisadores.
Por último, embora a maior parte dos ataques XSS conhecidos sejam escritos em Java Script e incorporados em documentos HTML, podem também ser utilizadas outras tecnologias como Java, Flash, Active X, etc.

### 2.7.3 Uma abordagem arquitetónica.

Esta abordagem tenta erradicar o ataque de injeção de código desde a sua origem. Dado que o processador na arquitetura de memória Von Newmann permite que o código e os dados partilhem o mesmo espaço de endereçamento de memória, um atacante pode injetar o seu payload como dados e mais tarde executá-lo como código. O pressuposto subjacente utilizado pelos atacantes é que a linha entre código e dados é ténue e não é imposta. O código pode ser lido e escrito como dados e os dados podem ser executados como código. Por esta razão, esta abordagem recorre a uma arquitetura de memória alternativa que não permite que o código e os dados sejam trocados em tempo de execução. Nesta arquitetura, o código e os dados têm cada um o seu próprio espaço de endereçamento físico. O modelo de memória dividida da arquitetura Harvard torna-a adequada para a prevenção da execução de ataques de injeção de código devido ao facto de ser imposta uma separação rigorosa entre código e dados a nível do hardware. Todos e quaisquer dados, independentemente da fonte, são armazenados numa memória física diferente da das instruções.
As instruções não podem ser endereçadas como dados e os dados não podem ser endereçados como instruções. Isto significa que, num computador baseado na arquitetura Harvard, não é provável que seja possível um ataque de injeção de código, porque a arquitetura não é capaz de o suportar.
O atacante é simplesmente incapaz de injetar qualquer informação no espaço de endereço da memória de instruções e, ao mesmo tempo, incapaz de executar qualquer código colocado na memória de dados.
As limitações desta abordagem incluem o seguinte

1. Problemas de sobrecarga. Em primeiro lugar, provoca mais falhas de página quando o processo arranca pela primeira vez, devido ao facto de cada página no espaço de endereçamento ser inicialmente marcada para desencadear uma falha de página.
2. O problema das mudanças de contexto em O/S. Sempre que ocorre uma mudança de contexto, a TLB é descarregada e as falhas de página têm de voltar a acontecer quando o processo protegido volta a ser ativado
3. A técnica (arquitetura Harvard) só pode ser implementada como um patch de software para o sistema operativo. Um patch é um programa ou uma atualização de um programa para o software principal.
4. Se o programa tiver páginas de código e de dados em conjunto, o esquema de proteção

não pode ser utilizado

### 2.7.4 Smask: Prevenção de ataques em aplicações Web através da aproximação da separação automática de dados/código.

Um atacante pode voltar a injetar a carga útil como dados e executá-la como código, porque as aplicações Web utilizam um conjunto heterogéneo de linguagens de programação: A linguagem utilizada para escrever a lógica da aplicação, como PHP ou Java, e as linguagens de suporte, por exemplo, linguagens de código de servidor para gestão de dados, como SQL, e linguagens de interface do lado do cliente, como HTML e Java Script. Estas linguagens são tratadas como valores de cadeia de caracteres pela lógica da aplicação. Compilam-se em código de bytes que pode ser interpretado por uma máquina virtual.

Por conseguinte, não existem meios sintácticos para distinguir entre código executável e dados genéricos. Esta circunstância é a raiz da maioria das vulnerabilidades de injeção de código. Os atacantes conseguem fornecer dados maliciosos que são executados pela aplicação como código.

Smask é uma abordagem para aproximar a separação entre dados e código. Ao utilizar a máscara de cadeia para marcar persistentemente código legítimo em valores de cadeia, o Smask consegue identificar código que foi injetado durante o processamento de um método de pedido HTTP.

**2.7.5 Políticas incorporadas no navegador (Browser-Enforced Embedded Policies - BEEP),** o servidor Web deve incluir uma política do tipo lista branca em cada página, permitindo ao navegador filtrar scripts indesejados.

Como a política em si é um JavaScript, este método é muito flexível e permite, por exemplo, a definição de regiões, onde os scripts não são permitidos. Embora tais métodos sejam definitivamente capazes de resolver o problema de XSS para aplicações Web que os aplicam corretamente, pouco fazem para mitigar o risco que emana da maioria que não o faz. Assim, foram desenvolvidas várias soluções puras para o sítio do cliente:

O plug-in no script para o Firefox impede que o navegador execute conteúdo ativo de domínios não incluídos na lista branca. Pode ser entendido como um controlo de acesso baseado no domínio para a execução do conteúdo ativo. Embora esta seja definitivamente uma política louvável, infelizmente não consegue resolver os problemas de XSS em sítios muito utilizados que dependem extensivamente de scripts do lado do cliente. Em nenhum script, estes são normalmente de lista branca e - do ponto de vista do utilizador - as suas credenciais são as que mais merecem ser protegidas.

Hallaraker e Vigna escolheram um caminho completamente diferente: Modificaram o motor SpiderMonkey da Mozilla para seguir o comportamento de cada JavaScript do lado do cliente executado pelo Firefox. O perfil de atividade de cada script é então comparado com um conjunto de políticas de alto nível para detetar comportamentos maliciosos.

Colaboração do navegador. Acredita-se que a prevenção robusta de ataques XSS será alcançada se os navegadores da Web forem capazes de distinguir scripts autorizados de não autorizados. Esta visão foi defendida pela primeira vez no BEEP, em que esta abordagem foi implementada através da (a) criação de um protocolo de colaboração servidor-navegador para comunicar o conjunto de scripts autorizados e, em seguida, (b) modificação do navegador para compreender este protocolo e aplicar uma política que nega a execução de scripts não autorizados. Embora a estratégia de defesa prevista pelos autores do BEEP seja uma solução convincente e eficaz a longo prazo, a sua abordagem de implementação deixa um grande vazio na proteção a curto prazo. Isto porque as aplicações Web que adoptam esta abordagem exigem que os seus utilizadores utilizem browsers personalizados com BEEP para proteção contra ataques XSS. Para escalar esta abordagem, é necessário, em primeiro lugar, chegar a acordo sobre as normas propostas para a colaboração servidor-navegador e, em seguida, essas novas normas devem ser incorporadas no ciclo normal de implementação e implantação do navegador para milhões de navegadores instalados. Trata-se de um processo longo e complicado que pode demorar vários anos. Esta limitação prática inerente faz com que a colaboração entre browsers não seja adequada para ser adoptada num futuro próximo pelas aplicações Web existentes. No entanto, uma solução robusta para a defesa XSS é desesperadamente necessária agora para evitar o estado imediato e contínuo dos ataques XSS.

**2.7.6 Validação de entrada**

A validação das entradas é a defesa mais comummente utilizada contra os ataques XSS. No código da aplicação Web, os dados de entrada duvidosos são processados por um módulo de filtragem que procura comandos de script ou metacaracteres nos dados de entrada duvidosos e filtra esses conteúdos antes de serem processados pela aplicação Web. A filtragem pode ser utilizada para impor restrições às entradas antes de serem processadas por uma aplicação Web (por exemplo, "os códigos postais contêm exatamente cinco caracteres do conjunto [0-9]").

De um ponto de vista prático, o emprego de filtros fornece uma primeira camada de defesa contra ataques XSS. No entanto, há muitos cenários em que a filtragem é difícil de acertar, especialmente quando se lida com entradas arbitrárias do utilizador que podem incluir HTML rico em conteúdo. Neste caso, todos os caracteres do conjunto de caracteres HTML são legais, o que implica que o filtro não pode rejeitar qualquer carácter individual que possa resultar em conteúdo de script. Por conseguinte, o filtro tem de identificar sequências de caracteres que possam resultar em conteúdo de script. Além disso, o filtro tem de "adivinhar" como é que determinadas sequências de caracteres podem aparecer a um navegador. Por exemplo, alguns navegadores ignoram normalmente o carácter "/" e lêem a cadeia <script/> como uma etiqueta de script, embora esta opinião possa não ser partilhada por uma rotina de validação que pretenda remover etiquetas de script.

**2.7.7 Manchas dinâmicas**

A contaminação dinâmica regista a utilização de informações não fiáveis pela aplicação. Asseguram ainda que estas informações não fiáveis passam por uma rotina de filtragem antes de serem emitidas pela aplicação Web. Apesar de verificarem corretamente se uma rotina de filtragem é chamada antes da saída de informações não fiáveis, não raciocinam sobre a correção dos filtros utilizados, assumindo que a filtragem é "bem feita".

Acredita-se também que a validação das entradas (filtragem de conteúdos) pode prevenir eficazmente os ataques XSS no lado do servidor. As razões para o fracasso dos mecanismos de filtragem na defesa destes ataques residem na sua ineficácia na prevenção de várias instâncias de ataque, especialmente quando o input do utilizador inclui HTML rico em conteúdo.

Além disso, as defesas baseadas na filtragem de conteúdos para este tipo de aplicação enfrentam um desafio difícil: permitir todas as entradas benignas do utilizador em HTML e, simultaneamente, bloquear todos os scripts potencialmente nocivos na saída não fiável. Não permitir simplesmente os caracteres de controlo da sintaxe HTML não é uma solução prática de filtragem para estas aplicações, porque todos os caracteres de controlo que podem ser utilizados para introduzir código de ataque também têm uma utilização legítima num contexto benigno e não script. Por exemplo, o carácter < tem de estar presente em hiperligações e formatação de texto, e o carácter " tem de estar presente em conteúdo de texto genérico.

Ambos são entradas de utilizador legítimas e permitidas, mas podem ser utilizados abusivamente para montar ataques XSS.
Os filtros de conteúdo avançados tentam antecipar a forma como o conteúdo não fiável será interpretado pelo analisador do navegador Web do cliente, uma vez que é o analisador do navegador que toma decisões cruciais sobre a execução de scripts. Para ser completamente eficaz na eliminação de XSS, uma função de filtro deve necessariamente modelar toda a gama de comportamentos de análise relativos à execução de scripts para vários navegadores. Este é um problema muito difícil, como diligentemente documentado na XSS Cheat Sheet, que descreve uma grande variedade de peculiaridades de análise exibidas por diferentes navegadores. **As peculiaridades** são essencialmente comportamentos anómalos dos analisadores dos browsers que contradizem as normas de linguagem ou que respondem a condições não bem definidas por essas normas (por exemplo, como analisar HTML malformado). Por vezes, são intencionalmente introduzidas e mantidas na base de código de um navegador para renderizar corretamente os sítios Web existentes que dependem das peculiaridades dos navegadores mais antigos. **As peculiaridades** variam consoante o navegador, são complexas de modelar, não são totalmente compreendidas e nem todas são conhecidas (especialmente no caso dos navegadores de código fechado). Por conseguinte, do ponto de vista das aplicações Web, a tarefa de implementar funções de filtragem de conteúdos corretas e completas é muito difícil, se não impossível.

**2.8 Computação suave**

A computação suave é uma abordagem emergente à computação que se assemelha à notável capacidade da mente humana para raciocinar e aprender num ambiente de incerteza e imprecisão (Sanders, 2006). A perceção de que a modelação de sistemas altamente complexos, que requerem sistemas inteligentes, deve combinar conhecimentos, técnicas matemáticas e metodologias de várias fontes. Os sistemas inteligentes, como as Forças Geradas por Computador (CGF), devem possuir conhecimentos semelhantes aos humanos no domínio militar. Tal como um humano ou um grupo de humanos numa organização militar, devem ser capazes de se adaptar e aprender num ambiente sintético altamente dinâmico. Isto deve ser feito dentro dos limites da doutrina, das tácticas, da experiência e do desempenho dos sistemas militares. Parece razoável que seria vantajoso utilizar várias técnicas matemáticas em conjunto para formar um sistema híbrido que aproveite as vantagens de várias técnicas de modelação. A SC é o desenvolvimento destes sistemas híbridos, também conhecidos como computação neuro-fuzzy. Esta técnica utiliza o poder das redes neuronais artificiais que classificam padrões nos dados e adaptam essa classificação a ambientes altamente dinâmicos. Os sistemas de inferência difusa são uma extensão das técnicas clássicas de IA que incorporam o conhecimento humano e efectuam raciocínios incertos. Nalguns casos, podem ser aplicados algoritmos genéticos ou evolutivos, que são técnicas de otimização sem derivadas, para complementar o sistema híbrido, especialmente no domínio das redes neurais. No conjunto de ferramentas para a modelação comportamental do CGF, por exemplo, existem técnicas de computação suave, bem como métodos clássicos de IA (Takagi e Sugeno, 1985). Cada técnica específica tem os seus componentes fortes:

a. Redes neuronais - Aprendizagem e adaptação de padrões em grandes quantidades de dados.

b. Teoria dos conjuntos difusos - Raciocínio impreciso utilizando regras difusas IF-THEN-ELSE.

c. Algoritmos genéticos ou evolutivos e recozimento simulado - Pesquisa sistemática

utilizando
métodos não derivados.
d. Raciocínio probabilístico - Capacidade de manipulação simbólica.
A representação ilustrada completa da soft-computing é dada na figura 2.3 abaixo.

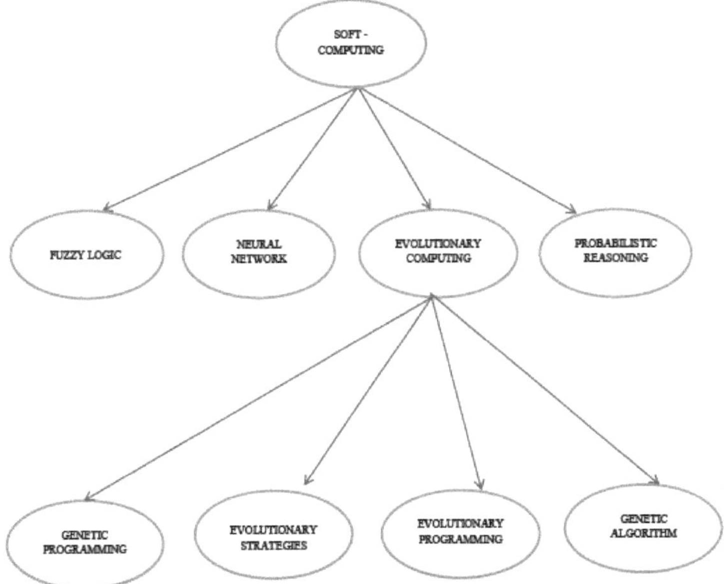


***Fig.2.3:*** ***Visão concetual do modelo de soft-computing***

O quadro de conceção inclui uma Rede Neuronal Artificial, frequentemente designada apenas por rede neuronal, que é um modelo matemático inspirado nas redes neuronais biológicas. Uma rede neuronal é constituída por um grupo interligado de neurónios artificiais e processa a informação utilizando uma abordagem conexionista da computação. Na maioria dos casos, uma rede neuronal é um sistema adaptativo que altera a sua estrutura durante uma fase de aprendizagem. As redes neuronais são utilizadas para modelar relações complexas entre inputs e outputs ou para encontrar padrões nos dados. A aprendizagem supervisionada é a tarefa de aprendizagem automática que consiste em inferir uma função a partir de dados de treino supervisionados. Os dados de treino são constituídos por um conjunto de exemplos ou regras de treino. Na aprendizagem supervisionada, cada exemplo é um par constituído por um objeto de entrada (normalmente um vetor) e um valor de saída desejado (também designado por sinal de supervisão). Um algoritmo de aprendizagem supervisionada analisa os dados de treino e produz uma função inferida, que é designada por classificador (se a saída for discreta) ou por função de regressão (se a saída for contínua).

A função inferida deve prever o valor de saída correto para qualquer objeto de entrada válido. Isto exige que o algoritmo de aprendizagem generalize a partir dos dados de treino para situações inéditas de uma forma "razoável". A tarefa paralela em psicologia humana e animal é frequentemente designada por aprendizagem de conceitos. A aprendizagem ***supervisionada*** é também conhecida como ***aprendizagem associativa***, na qual a rede é treinada fornecendo-lhe padrões de entrada e de saída correspondentes. Estes pares de entrada-saída podem ser fornecidos por um professor externo ou pelo sistema que contém a rede neuronal (auto-supervisionada)

b. **Aprendizagem não supervisionada**

A aprendizagem não supervisionada estuda a forma como os sistemas podem aprender a representar padrões de entrada específicos de uma forma que reflicta a estrutura estatística da coleção global de padrões de entrada. Em contraste com a aprendizagem supervisionada ou a aprendizagem por reforço, não existem resultados-alvo explícitos ou avaliações ambientais associadas a cada entrada; em vez disso, o aprendente não supervisionado utiliza preconceitos prévios quanto aos aspectos da estrutura da entrada que devem ser captados na saída. Os únicos elementos com que os métodos de aprendizagem não-supervisionada têm de trabalhar são os padrões de entrada observados xi, que são frequentemente considerados como amostras independentes de uma distribuição de probabilidade desconhecida subjacente Pi [x], e alguma informação *a priori* explícita ou implícita sobre o que é importante. Aprendizagem ***não supervisionada*** ou ***auto-organização*** em que uma unidade (de saída) é treinada para responder a grupos de padrões na entrada. Neste paradigma, é suposto o sistema descobrir caraterísticas estatisticamente salientes da população de entrada. Ao contrário do paradigma da aprendizagem supervisionada, não existe um conjunto a priori de categorias em que os padrões devam ser classificados; em vez disso, o sistema deve desenvolver a sua própria representação dos estímulos de entrada.

c. Aprendizagem reforçada

A aprendizagem por reforço é uma abordagem computacional à aprendizagem em que um agente tenta maximizar o montante total da recompensa que recebe quando interage com um ambiente complexo e incerto. Reinforced Learning, fornece uma descrição clara e simples das principais ideias e algoritmos da aprendizagem por reforço. A sua discussão vai desde a história dos fundamentos intelectuais do campo até aos desenvolvimentos e aplicações mais recentes. A única base matemática necessária é a familiaridade com conceitos elementares de probabilidade. Este tipo de aprendizagem pode ser considerado como uma *forma intermédia* dos dois tipos de aprendizagem acima referidos. Neste caso, a máquina de aprendizagem realiza uma ação no ambiente e recebe uma resposta de retorno do ambiente. O sistema de aprendizagem classifica a sua ação como boa (gratificante) ou má (punível) com base na resposta do ambiente e ajusta os seus parâmetros em conformidade. Geralmente, o ajustamento dos parâmetros é continuado até se atingir um estado de equilíbrio, após o qual não haverá mais alterações nos seus parâmetros.

As RNAs feed-forward permitem que os sinais circulem apenas num sentido: da entrada para a saída. Não há feedback (loops), ou seja, a saída de qualquer camada não afecta essa mesma camada. São muito utilizadas no reconhecimento de padrões.

As RNA com realimentação, também designadas por redes neuronais recorrentes, podem ter sinais que circulam em ambas as direcções através da introdução de loops na rede. As redes de feedback são dinâmicas; o seu "estado" está a mudar continuamente até atingirem um ponto de equilíbrio. Permanecem no ponto de equilíbrio até que a entrada se altere e seja necessário encontrar um novo equilíbrio.

A rede auto-organizadora de Kohonen é uma rede de duas camadas, com alimentação direta: a primeira é uma camada de entrada e a segunda é uma grelha ou mapa disposto numa matriz unidimensional ou bidimensional.

A segunda camada é conhecida como camada competitiva. Os padrões que chegam são classificados pelos nós que activam na camada competitiva. As semelhanças entre padrões

são mapeadas em relações de proximidade na camada competitiva. Após o treino, as relações e os agrupamentos de padrões são observados a partir desta camada.
A Teoria da Ressonância Adaptativa é um algoritmo de aprendizagem competitivo e não supervisionado. É uma rede de duas camadas organizada em ligações de feedback e feed-forward. As camadas têm funções diferentes, ao contrário das redes multicamadas ou de Kohonen. A primeira camada pode ser uma camada de entrada ou uma camada de comparação e a segunda camada pode ser uma camada de saída ou uma camada de reconhecimento. Ambas são intermutáveis durante a formação.
A rede de contra-propagação é uma combinação de duas redes bem conhecidas: o mapa de auto-organização de Kohonen e a rede de Grossberg.
A primeira camada é uma camada de entrada e a terceira camada é uma camada de saída. Entre estas camadas encontra-se a camada competitiva. A camada competitiva efectua uma classificação para agrupar os padrões. O algoritmo de aprendizagem na camada de Kohonen baseia-se na aprendizagem não supervisionada e o algoritmo de aprendizagem na camada de Grossberg baseia-se na aprendizagem supervisionada.
**A lógica difusa** é uma forma de lógica de muitos valores ou lógica probabilística; lida com o raciocínio que é aproximado em vez de fixo e exato. Em contraste com a lógica tradicional, as variáveis podem ter valores variáveis, enquanto os conjuntos binários têm uma lógica de dois valores, verdadeiro ou falso, as variáveis da lógica difusa podem ter um valor de verdade que varia entre 0 e 1. A lógica difusa foi alargada para lidar com o conceito de verdade parcial, em que o valor de verdade pode variar entre completamente verdadeiro e completamente falso. A lógica difusa permite valores e inferências aproximados, bem como dados incompletos ou ambíguos (dados difusos), em vez de se basear apenas em dados precisos (escolhas binárias sim/não).
**O Algoritmo Genético (AG)** é uma heurística de pesquisa que imita o processo de evolução natural. Esta heurística é utilizada habitualmente para gerar soluções úteis para problemas de otimização e pesquisa. Os algoritmos genéticos pertencem à classe mais vasta dos algoritmos evolutivos (EA), que geram soluções para problemas de otimização utilizando técnicas inspiradas na evolução natural, como a herança, a mutação, a seleção e o cruzamento.
Os algoritmos genéticos não são utilizados para encontrar padrões em si, mas sim para orientar o processo de aprendizagem de algoritmos de extração de dados, como as redes neuronais. Essencialmente, o algoritmo genético actua como um método para efetuar uma pesquisa orientada de bons modelos no espaço de soluções. Chamam-se algoritmos genéticos porque seguem de perto o padrão de evolução biológica em que os membros de uma geração competem para transmitir as suas caraterísticas à geração seguinte até encontrar a melhor. Como se pode ver, os algoritmos genéticos e as redes neuronais surgiram da tentativa de criar modelos concorrentes utilizando processos biológicos. Os algoritmos genéticos são também utilizados para melhorar as redes neuronais (Fayyad et al, 1996, 2002, Fausset 1994, Berry e Linoff, 1997).

**As técnicas existentes e as suas limitações são apresentadas no quadro 2.2**

***Tabela 2.2:*** *Análise das obras existentes*

| Técnica | Documentos | Autores | O que é que | Pontos fortes | pontos fracos |
|---|---|---|---|---|---|
| Redigir códigos seguros | Fuga de dados, ameaças e atenuação. | Gordon, 0., (2007) | Técnicas como a validação das entradas, a codificação das saídas, etc. | O programador tem o controlo, altamente eficaz se for feito corretamente | Propenso a erros, exige um enorme esforço. A evasão é fácil |

| Abordagem de memória separada | Uma abordagem arquitetónica para evitar ataques de injeção de código | Riley, R., Jiang, X., e Xu, D., (2007) | Ao tornar certas páginas de memória não executáveis | Sucesso para a arquitetura de Harvard Memória | Não consegue detetar ataques complexos ou ataques de dia zero |
|---|---|---|---|---|---|
| Conjunto de instruções Randomização | Combater ataques de injeção de código com a aleatorização do conjunto de instruções | Gaurav, et al, (2003) | Cria um ambiente de execução que é exclusivo para o processo em execução. | Aplicação a uma vasta gama de ataques de injeção de código | pode ser contornado, penalização do desempenho, não pode detetar todos os ataques XSS |
| Padrão Correspondência | Geração de assinaturas e deteção de famílias de malware | Mu, Y ., Susiko, W., e Seberry, J. (2008) | Pesquisou o código-fonte por padrões de cadeia de caracteres | Eficaz para ataques simples | Facilmente contornável |
| Aplicação de políticas melhorada do Taint | Vulnerabilidades de segurança em aplicações Web utilizando a análise dinâmica com testes de penetração | Petakhor, A., e Kozlvo, D., (2008) | Políticas baseadas em aplicações combinadas com verificações de contaminação | Flexível, aplicável a outros ataques à Web | Semelhante à filtragem de entrada. Depende de políticas. Pode ser facilmente contornado. |
| Análise de código estático (Pixy) | Uma ferramenta de análise estática para detetar vulnerabilidades em aplicações Web | Jovanovic, N., et al, (2006) | Políticas baseadas em descontinuidades combinadas com a análise do código-fonte PHP | Versão Web disponível, testada em mais de 50 explorações do mundo real | Não consegue detetar ataques complexos. A taxa de falsos positivos é elevada |
| Deteção de anomalias | Um estudo das técnicas de deteção de malware | Nwokedi, I., Aditya, P., (2007) | Monitorização do comportamento do processo | Capaz de detetar Ataque de dia zero | Alarme falso elevado |
| Aproximação da separação automática de dados/código | Smask :Prevenção de ataques em aplicações Web | ohns, M., e Beyeriein, C., (2007) | Utiliza a máscara de cadeia para marcar persistentemente o código legítimo em valores de cadeia | Alterações limitadas às aplicações | Ainda em fase preliminar |
| Baseado na deteção de anomalias | Análise de aplicações Web dinâmicas para deteção de XSS | Engolman J., (2007) | Extração de dados no tráfego HTTP | Implementação direta | Ignora a natureza dinâmica da página Web e não é capaz de detetar XSS armazenados |
| Computação suave | Modelo baseado na segurança para scripts entre sítios | Imhanlahimi , R.E (2014) | Monitorização das actividades XSS | Alarmes falsos altamente reduzidos | Depende dos parâmetros disponíveis |

# CAPÍTULO 3

## 3.1 Análise e conceção de sistemas

As aplicações Web podem ser classificadas em aplicações Web estáticas e aplicações Web dinâmicas. As aplicações Web estáticas são as que apresentam a informação ao utilizador e as aplicações Web dinâmicas aceitam o input do utilizador e realizam acções com base nesse input. Segundo Jayamsakthi Shanmugam et al., as aplicações Web são programas informáticos que permitem aos visitantes de um sítio Web introduzir e obter dados de/para uma base de dados através da Internet, utilizando o seu programa de navegação preferido. Os dados são então apresentados ao utilizador no seu programa de navegação, uma vez que a informação é gerada dinamicamente pela aplicação Web através de um servidor Web. As aplicações Web também podem calcular o resultado e apresentá-lo ao utilizador sem a interação com a base de dados, o que também pode ser afetado por XSS.

Uma vez que as necessidades das empresas estão a crescer, a linguagem de marcação de hipertexto continua a crescer para satisfazer as necessidades das empresas com as novas, poderosas e excitantes etiquetas. Os novos desenvolvimentos, como as novas etiquetas HTML, as funções de script e as funcionalidades melhoradas do browser, que aumentaram as oportunidades de negócio, resultam em ameaças XSS para as aplicações Web. Por exemplo, o Ajax, que é um desenvolvimento recente na aplicação Web que utiliza Javascript assíncrono e XML, permite que uma aplicação Web envie e receba dados através de um pedido HTTP XML sem atualização da página (Billy Holfman (2007). O Ajax inclui um cliente baseado em Ajax, que contém uma lógica de controlo específica da página, incorporada na tecnologia JavaScript. A página interage com o JavaScript com base em eventos como o carregamento do documento, um clique do rato, o passar do rato ou alterações de foco, etc. Noiko, H et. al. (2006). Apesar das vantagens acima descritas, as aplicações Web levantam uma série de problemas de segurança decorrentes de uma codificação incorrecta. As debilidades ou vulnerabilidades graves permitem que os piratas informáticos obtenham acesso direto e público às bases de dados, a fim de manipularem dados sensíveis. Esta investigação centra-se na questão acima referida, que é a principal vulnerabilidade de segurança das aplicações Web, designada por Cross Site Scripting (XSS).

Quase todos os métodos de deteção envolvem, para funcionar, um critério de correspondência/incompatibilidade. Com base nestes critérios, os métodos podem ser classificados como de deteção de anomalias ou de deteção de utilizações indevidas.

A deteção de anomalias implica a criação de um perfil normal do sistema ou dos programas e a verificação de qualquer desvio em relação a esse perfil. A deteção de má utilização implica a criação de um perfil malicioso sob a forma de uma assinatura exacta ou heurística e a verificação dessa assinatura nos programas. Um sistema de deteção de anomalias procura uma discrepância em relação ao perfil normal, enquanto um sistema de deteção de utilizações indevidas procura correspondências para a assinatura do vírus.

A fraqueza das abordagens de deteção baseadas em assinaturas reside na sua incapacidade de detetar novos tipos de programas maliciosos, em resultado de uma série de técnicas de proteção que foram desenvolvidas pelos autores de códigos maliciosos. É propenso a novos ataques. Um método de deteção de anomalias cria muitos falsos positivos. Por isso, o foco passou a ser encontrar caraterísticas mais generalizadas e escaláveis que possam identificar o comportamento malicioso como um processo em vez de uma única ação de assinatura

### 3.2 Abordagem à modelação de sistemas

O quadro de estratégia de defesa XSS concebido baseia-se no modelo de Soft Computing, que é constituído pelos seguintes componentes

a. Rede Neural
b. Lógica difusa
c. Algoritmo genético

**Estrutura arquitetónica de computação suave Modelo baseado na segurança para a utilização de sítios cruzados**
**Scripting.**

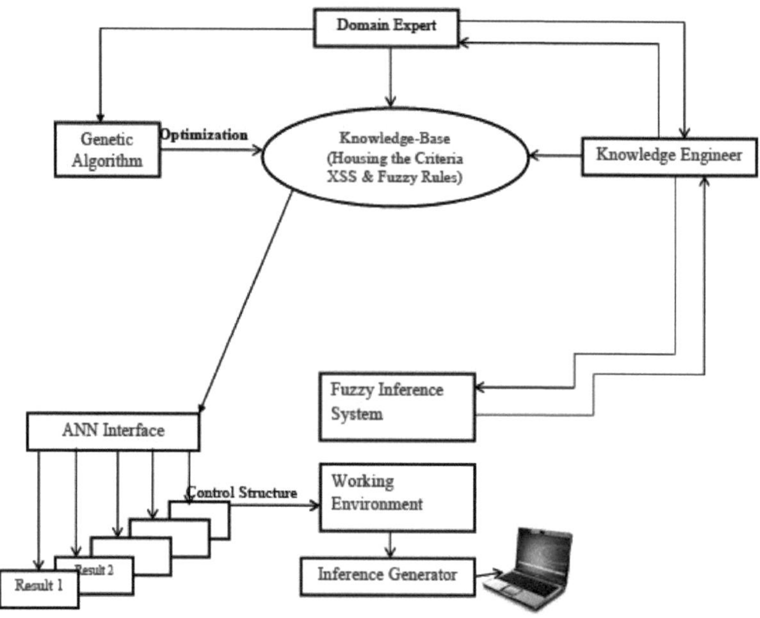

***Fig. 3.1: Estrutura arquitetónica do*** **modelo baseado na segurança para o Cross Site Scripting.**

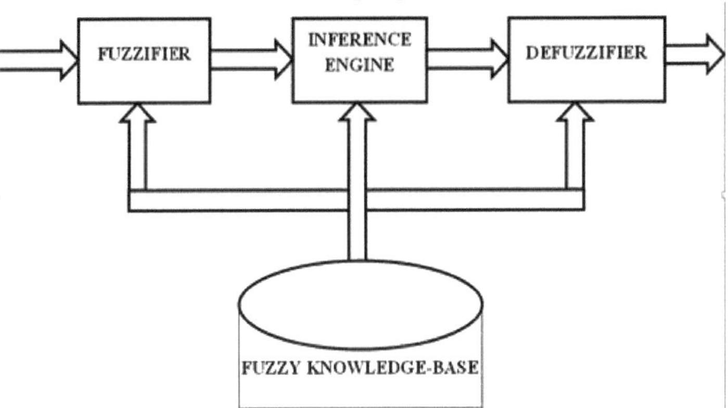


***Figura 3.3: Sistema de inferência fuzzy***

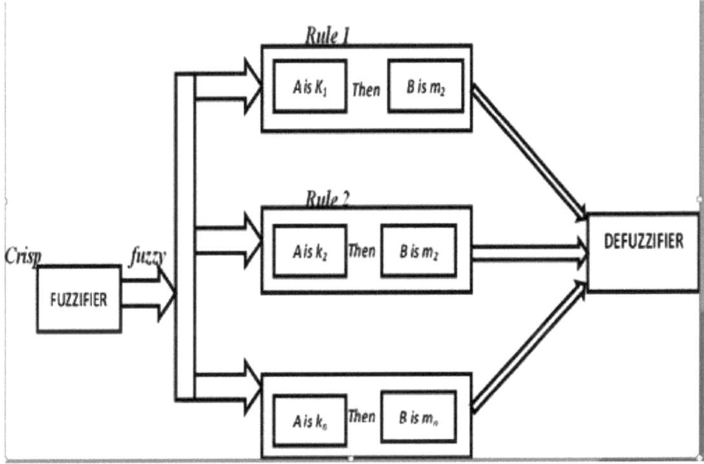


***Figura 34: Motor de inferência***

O quadro arquitetónico da figura 3.1 é constituído por componentes inter-relacionados que trabalham em conjunto para atingir os objectivos globais do sistema. Estes componentes incluem

Um perito **no domínio ou perito na matéria (SME)** é uma pessoa que é especialista numa determinada área ou tópico. O termo "*perito no domínio*" é frequentemente utilizado no desenvolvimento de software de sistemas periciais, e aí o termo refere-se sempre a um domínio diferente do domínio do software. Um perito num domínio é uma pessoa com conhecimentos ou competências especiais numa determinada área de atividade. Um contabilista é um perito no domínio da contabilidade, por exemplo. O desenvolvimento de software de contabilidade requer conhecimentos em dois domínios diferentes, nomeadamente contabilidade e software. Alguns dos técnicos de desenvolvimento podem ser especialistas num domínio e não no outro. No que diz respeito ao quadro arquitetónico acima descrito, o perito no domínio está diretamente relacionado com a área da computação em linha, com a sua parte constituinte acima destacada.

**Uma base de conhecimentos** (KB) é um tipo especial de base de dados para a gestão do conhecimento. Uma base de conhecimentos é um repositório de informação que fornece um meio para a informação ser recolhida, organizada, partilhada, pesquisada e utilizada.

**As bases de conhecimentos legíveis por máquina** armazenam conhecimentos num formato legível por computador, normalmente com o objetivo de lhes ser aplicado um raciocínio dedutivo automático. Contêm um conjunto de dados, muitas vezes sob a forma de regras que descrevem o conhecimento de uma forma logicamente consistente. Uma ontologia pode definir a estrutura dos dados armazenados - que tipos de entidades são registados e quais são as suas relações. Os operadores lógicos, tais como *e* (conjunção), *ou* (disjunção), *implicação material* e *negação* podem ser utilizados para a construir a partir de elementos de informação mais simples. Consequentemente, a dedução clássica pode ser utilizada para raciocinar sobre os conhecimentos contidos na base de conhecimentos. Algumas bases de conhecimentos legíveis por máquina são utilizadas com inteligência artificial, por exemplo, como parte de um sistema pericial que se centra num domínio como o dos medicamentos sujeitos a receita médica ou o direito aduaneiro. Essas bases de conhecimentos são também utilizadas pela Web semântica.

**O engenheiro do conhecimento/engenharia do conhecimento** (KE) foi definido em 1983 por Edward Feigenbaum e Pamela McCorduck do seguinte modo A KE é uma disciplina de engenharia que envolve a integração de conhecimentos em sistemas informáticos para resolver problemas complexos que normalmente requerem um elevado nível de especialização humana. É também o processo de obtenção, estruturação, formalização e operacionalização de informações e conhecimentos envolvidos num domínio problemático de conhecimento intensivo, a fim de construir um programa que possa executar adequadamente uma tarefa difícil.

Atualmente, refere-se à construção, manutenção e desenvolvimento de sistemas baseados no conhecimento. Tem muito em comum com a engenharia de software e é utilizada em muitos domínios das ciências informáticas, como a inteligência artificial, incluindo bases de dados, extração de dados, sistemas especializados, sistemas de apoio à decisão e sistemas de informação geográfica. A engenharia do conhecimento está também relacionada com a lógica matemática, bem como fortemente envolvida na ciência cognitiva e na engenharia sociocognitiva, em que o conhecimento é produzido por agregados sociocognitivos (principalmente humanos) e é estruturado de acordo com a nossa compreensão do funcionamento do raciocínio e da lógica humanos.

**O sistema de inferência difusa ou sistema difuso** utiliza regras difusas IF-THEN que podem modelar o aspeto qualitativo do conhecimento humano e dos processos de raciocínio sem recorrer a uma análise qualitativa precisa. As regras difusas IF_THEN ou expressões de declarações condicionais difusas da forma IF A THEN B, em que A e B são rótulos de conjuntos difusos (Zadeh, 1965) caracterizados por funções de associação adequadas. Devido à sua forma concisa, as regras difusas "se-então" são frequentemente utilizadas para captar os modos imprecisos de raciocínio que desempenham um papel essencial na capacidade humana de tomar decisões num ambiente de incerteza e imprecisão. Um exemplo que descreve factos simples é:

***Se a vibração for elevada, é possível que a falha das barras***

Onde vibração e falha são variáveis linguísticas; alto (pequeno) são valores linguísticos ou

rótulos que são caracterizados por meio da função de associação.
**A fuzzificação** é um processo, enquanto o fuzzificador é o componente do sistema que converte os valores (0 ou 1) nítidos (entrada) em variáveis linguísticas, utilizando a função de associação armazenada na base de conhecimentos fuzzy.
**Motor de inferência fuzzy;** tira conclusões com base na regra fuzzy IF-THEN, convertendo assim a entrada fuzzy em saída.
O conjunto de dados do quadro 3.1 foi gerado através da construção e distribuição de questionários quantitativos. Os questionários são compostos por duas partes principais. Em primeiro lugar, a parte demográfica e a parte da informação principal que foi afinada (analisada) para gerar a função de associação.

*Tabela 3.1: Conjunto de dados que mostra o grau de adesão ao Cross Site Scripting*

| PARÂMETROS OU CONJUNTOS FUZZY DE CROSS SITE SCRIPT | CÓDIGOS | GRAU DE ADESÃO AO CROSS SITE SCRIPTING | | |
|---|---|---|---|---|
| | | Agregado 1 (C1) | Agregado 2 (c2) | Agregado 3 (c3) |
| Objeto referenciador http desativado ou desreferente | R1 | 0.50 | 0.15 | 0.35 |
| Remoção de endereços URL | R2 | 0.20 | 0.20 | 0.60 |
| Falta janela. localização, | R3 | 0.10 | 0.80 | 0.10 |
| Documento reajustado. referenciador | R4 | 0.20 | 0.10 | 0.70 |
| Falta de documento. URL não codificado, | R5 | 0.30 | 0.60 | 0.10 |
| Falta de cabeçalho do browser | R6 | 0.05 | 0.05 | 0.90 |
| Disponibilidade do Web Cookie | R7 | 0.00 | 0.45 | 0.55 |

### 3.3 Linguagem de modelação unificada

A Linguagem de Modelação Unificada (UML) é uma linguagem de modelação padrão utilizada para modelar sistemas de software. O objetivo da UML é criar modelos de software simples, bem documentados e fáceis de compreender. Para modelar o sistema, utilizámos o diagrama de casos de utilização, o diagrama sequencial e o diagrama de implementação, como se mostra a seguir.

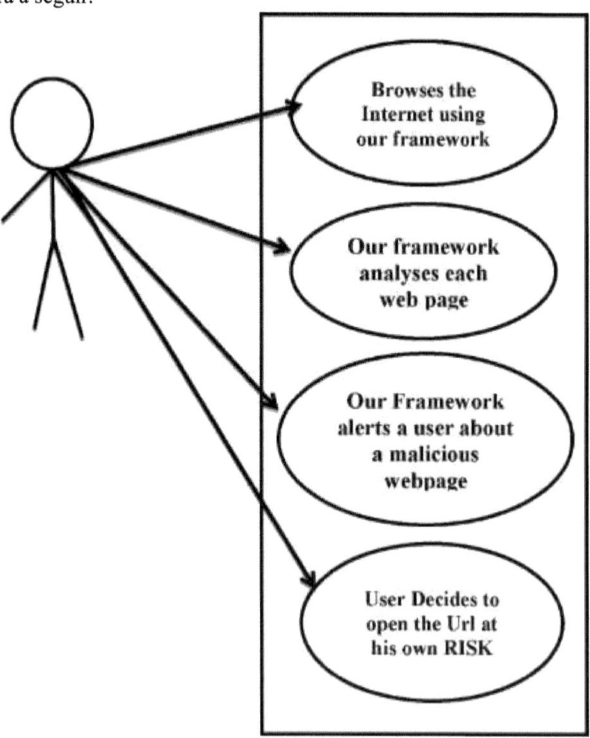

***Figura 3.2*** *Representação de um caso de utilização de acesso a um sítio Web COM o nosso enquadramento*

### 3.3.1 Diagrama de sequência

Um diagrama de sequência descreve a interação entre classes. A interação representa a ordem das mensagens que são trocadas entre as classes. Os diagramas de sequência mostram a interação entre classes organizadas numa sequência temporal. No diagrama de sequência, as interações são as trocas de mensagens que ocorrem entre classes para atingir um objetivo. Estas interações estão frequentemente associadas a casos de utilização e são representadas por cenários. O diagrama de sequência está especificado nas figuras 3.3, 3.4, 3.4 e 3.5, respetivamente.

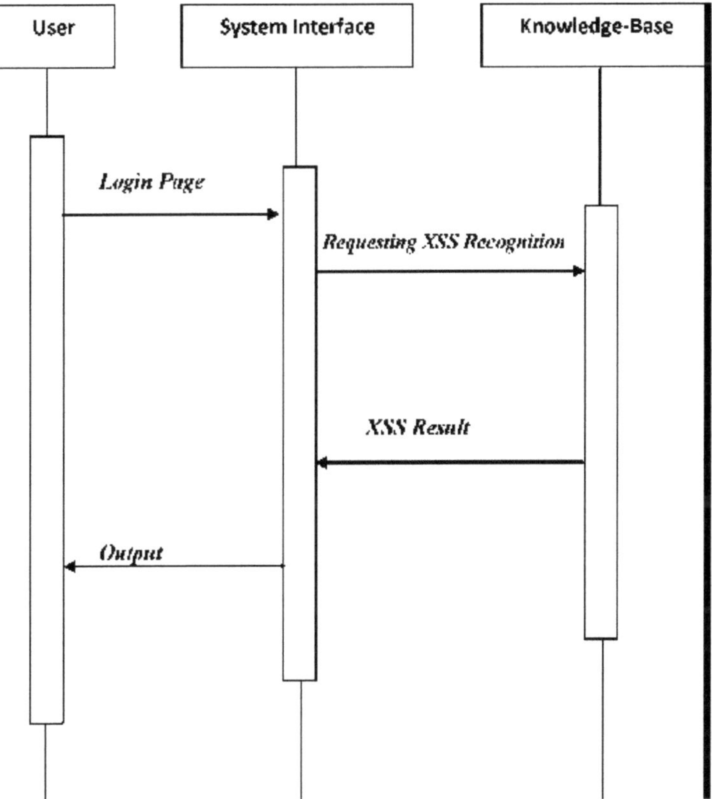


***Figura 3.3 Diagrama de sequência modelando o reconhecimento de XSS***

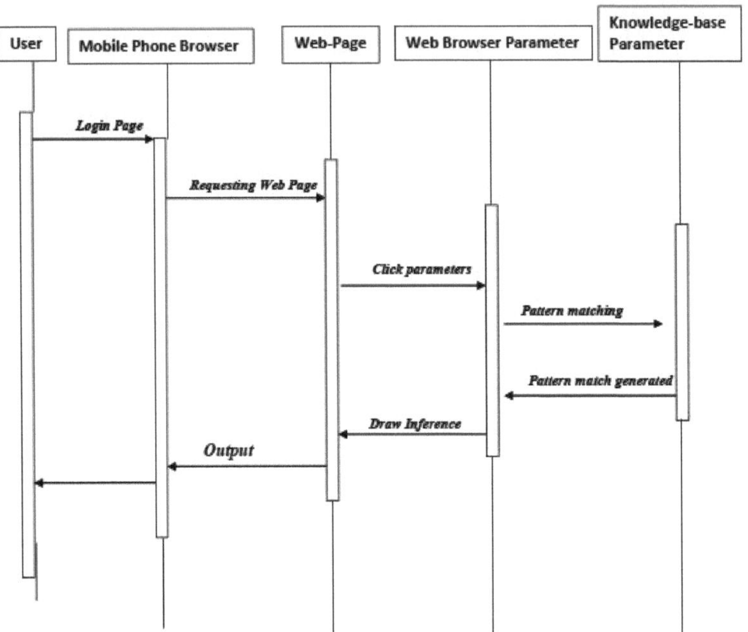


*Figura 3.4 Processamento de parâmetros baseados na segurança*

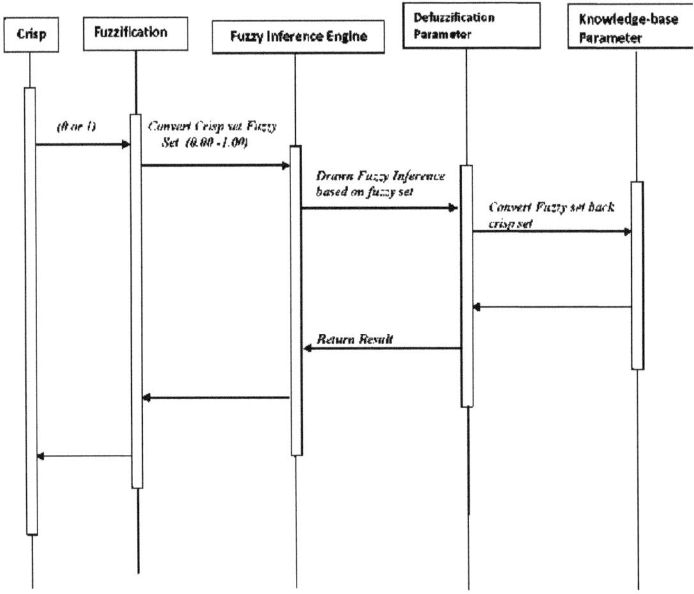


*Figura 3.5 Processos de Inferência Fuzzy*

A UML permite que os engenheiros de sistemas criem um projeto normalizado de qualquer sistema. Fornece uma série de ferramentas gráficas que podem ser utilizadas para visualizar um sistema de diferentes pontos de vista. Os vários pontos de vista (utilizador, estrutura, comportamento, implementação e ambiente) do sistema, que são representados através de diagramas, representam o modelo do sistema. Este trabalho de investigação centra-se na perspetiva do utilizador para a modelação de um sistema de software para script entre sítios.

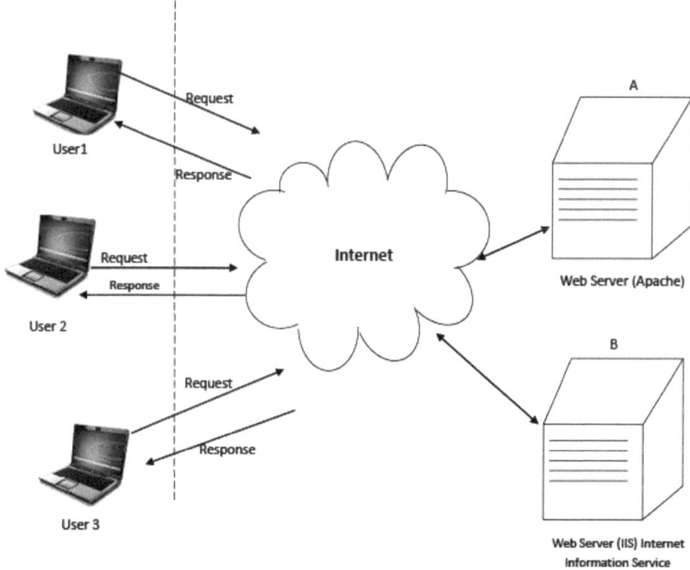


**Fig. 3.6 Modelo proposto baseado na segurança para o diagrama de implantação de scripts entre sítios (Cross-Site Scripting)**

Em termos concisos, um algoritmo genético (AG) é uma técnica de programação que imita a evolução biológica como estratégia de resolução de problemas. Dado um problema específico para resolver, a entrada para o AG é um conjunto de soluções potenciais para esse problema, codificadas de alguma forma, e uma métrica chamada ***função de aptidão*** que permite que cada candidato seja avaliado quantitativamente. Estes candidatos podem ser soluções já conhecidas que funcionam, sendo o objetivo do AG melhorá-las, mas mais frequentemente são gerados aleatoriamente.

**Seleção**; durante cada geração sucessiva, uma proporção da população existente é selecionada para dar origem a uma nova geração. As soluções individuais são selecionadas através de um processo *baseado na aptidão*, em que as soluções mais aptas (medidas por uma função de aptidão) têm normalmente maior probabilidade de serem selecionadas. Alguns métodos de seleção avaliam a aptidão de cada solução e selecionam preferencialmente as melhores soluções. Outros métodos avaliam apenas uma amostra aleatória da população, uma vez que este último processo pode ser muito moroso.

**Reprodução**; o passo seguinte consiste em gerar uma população de soluções de segunda geração a partir das soluções selecionadas através de operadores genéticos: cruzamento (também chamado recombinação) e/ou mutação. Para cada nova solução a ser produzida, um par de soluções "pai" é selecionado para reprodução a partir do conjunto selecionado anteriormente. Ao produzir uma solução "filha" utilizando os métodos de cruzamento e mutação acima referidos, é criada uma nova solução que, normalmente, partilha muitas das caraterísticas dos seus "pais". São selecionados novos pais para cada novo filho, e o processo continua até ser gerada uma nova população de soluções de tamanho adequado. Embora os métodos de reprodução que se baseiam na utilização de dois progenitores sejam mais "inspirados na biologia", algumas investigações sugerem que mais de dois "progenitores" geram cromossomas de maior qualidade. Estes processos resultam, em última análise, numa população de cromossomas da geração seguinte que é diferente da geração inicial. Geralmente, a aptidão média da população terá aumentado com este procedimento, uma vez que apenas os melhores organismos da primeira geração são selecionados para reprodução, juntamente com uma pequena proporção de soluções menos aptas, pelas razões já mencionadas anteriormente. Embora o cruzamento e a mutação sejam conhecidos como os principais operadores genéticos, é possível utilizar outros operadores como o reagrupamento, a colonização-extinção ou a migração nos algoritmos genéticos.

**Terminação;** este processo geracional é repetido até ser atingida uma condição de terminação. As condições de terminação comuns são: é encontrada uma solução que satisfaz critérios mínimos, é atingido um número fixo de gerações, é atingido o orçamento atribuído (tempo de computação/dinheiro). A aptidão da solução com a classificação mais elevada está a atingir ou atingiu um patamar tal que as iterações sucessivas já não produzem melhores resultados, inspeção manual e combinações das condições anteriores. O algoritmo de (Jifeng, 2012) foi adotado e adaptado (modificado) para se ajustar ao modelo proposto. ***Para o nosso trabalho, implementámos o crossover de dois pontos (troca de dois cromossomas a partir da esquerda), a cobertura do espaço genético (a nossa iteração tem um ponto de terminação) e a eliminação do elitismo.***

**Procedimento do Algoritmo Genético**

```
// Inicialização
gerar aa soluções viáveis de forma aleatória;
guardá-los na população Dop;
// Fazer um loop até à condição terminal
COBERTURA DO ESPAÇO GENÉTICO;
for o=1 to m do
// Crossover
número de cruzamentos nc =(a-me)/2 ;
para j =1 a n do
selecionar aleatoriamente duas soluções XA e XB de P0;
gerar Xc e XD por cruzamento de dois pontos com XA e XB;
guardar XC e XD em PoP2 ;
fim para
// Mutação
para j=1 a ndo
selecionar uma solução Xj do PoP2;
mutar cada bit de Xj sob a taxa YY e gerar uma nova solução Xj ';
se Xj ' não for viável
atualizar Xj ' com uma solução viável, reparando Xj ';
fim se
```

```
atualizar xj com xj' em PoP2;
fim para
// atualização
updatePoP= PoP1+ PoP2;
fim para
// devolver a melhor solução
Devolver a melhor solução X em Pop;
```

***Explicação do algoritmo***

O algoritmo genético inicia-se gerando um determinado número de soluções possíveis a partir do espaço genético, que é normalmente guardado num Pop (armazenamento temporário 1) antes da contagem das iterações, que se repetem até que o espaço genético m seja coberto. O operador genético de cruzamento corta o espaço genético em duas metades iguais com vários pares de cruzamento que são selecionados aleatoriamente utilizando o cruzamento de dois pontos e guardados em Pop 2 (armazenamento temporário 2). A mutação deve prosseguir se, após a seleção de todos os pares cruzados, restar um bit de cromossoma aleatório. Utilizando a mutação de dois pontos, forma-se o novo bit cromossómico. O operador genético mutação, seleção e cruzamento continuam a produzir funções de aptidão pertencentes a cada geração até que o critério de paragem seja atingido. O algoritmo genético utiliza as seguintes condições para determinar quando parar: Gerações ou Limite de aptidão. Neste caso, utilizámos o número de gerações ($4^{th}$ geração) para determinar o critério de paragem.

**Inferência de Algoritmos Genéticos:**

**R1:** SE R01 ENTÃO C1 = 0,50

**R2:** IFR01ANDR02 ENTÃO C2 = 0,18

**R3:** IFR01 , R02E R03THENC2 = 0,38

**R4:** SER01 , R02, R03 E R04 ENTÃO C3 = 0,44

**R5:** SER01 , R02, R03, R04 E R05 ENTÃO C3 = 0,37

**R6:** SER01 , R02, R03, R04, R05 E R06 ENTÃO C3 =0 ,46

**R7:** IFR01 , R02, R03, R04, R05, R06 E RO7 THENC3= 0,46

Em seguida, convertemos estes valores resolvidos em números inteiros e consideramo-los como a função de aptidão (*f*) da geração inicial (Pais)

**R1:** 50, **R2:** 18, **R3:** 38 **R4:** 44 **R5:** 37 **R6:** 46 **R7:** 46

***Tabela 3.2: $1^{st}$ e $2^{nd}$ Tabela de geração***

| S/N | Seleção | Cromossomas (Binário; 0 ou 1) | | | Função de aptidão |
|---|---|---|---|---|---|
| | | **Pai ($1^{st}$ Gen)** | **Crossover** | **Pai ($2^{nd}$ Gen)** | |
| 1 | 50 | 110010 | 1 & 6 | 110101 | **53** |
| 2 | 46 | 101110 | 2 & 4 | 101100 | **44** |
| 3 | 46 | 101110 | Mutação | 101100 | **44** |
| 4 | 44 | 101100 | 2 & 4 | 101110 | **46** |
| 5 | 38 | 100110 | 5 & 7 | 100010 | **34** |
| 6 | 37 | 100101 | 1 & 6 | 100010 | **34** |
| 7 | 18 | 010010 | 5 & 7 | 010110 | **22** |

***Tabela 3. $32^{nd}$ e $3^{rd}$ Tabela de geração***

| S/N | Seleção | Cromossomas (Binário; 0 ou 1) | Função de |
|---|---|---|---|

| | | Pai ($2^{nd}$ Gen) | Crossover | Pai ($3^{rd}$ Gen) | aptidão |
|---|---|---|---|---|---|
| 1 | 53 | 110101 | 1 & 3 | 110100 | **52** |
| 2 | 46 | 101110 | 2 & 6 | 101010 | **42** |
| 3 | 44 | 101100 | 1 & 3 | 101101 | **45** |
| 4 | 44 | 101100 | 4 & 5 | 101010 | **42** |
| 5 | 34 | 100010 | 4 & 5 | 100100 | **36** |
| 6 | 34 | 100010 | 2 & 6 | 100110 | **38** |
| 7 | 22 | 010110 | Mutação | 010100 | **20** |

***Tabela 3.4:* $3^{rd}$ *e* $4^{th}$ *Tabela de geração***

| S/N | Seleção | Cromossomas (Binário; 0 ou 1) | | | Função de aptidão |
|---|---|---|---|---|---|
| | | Pai ($3^{rd}$ Gen) | Crossover | Pai ($4^{th}$ Gen) | |
| 1 | 52 | 110100 | Mutação | 110110 | **54** |
| 2 | 45 | 101101 | 2 & 3 | 101110 | **46** |
| 3 | 42 | 101010 | 2 & 3 | 101001 | **41** |
| 4 | 42 | 101010 | 6 & 4 | 101000 | **40** |
| 5 | 38 | 100110 | 5 & 7 | 100100 | **40** |
| 6 | 36 | 100100 | 6 & 4 | 100110 | **38** |
| 7 | 20 | 010100 | 5 & 7 | 010110 | **22** |

Para criar as nossas gerações $2^{nd}$ , $3^{rd}$ e $4^{th}$ a partir dos pais (1 geração$^{st}$ ), escolhemos o segundo bit a contar da direita para ser o nosso ponto de cruzamento. Nas gerações, um único bit a negrito significa a mutação desse bit. A melhor quarta geração (critério de paragem) é a que apresenta a melhor função de aptidão, 54. Isto implica que os clusters dos vários parâmetros foram pesquisados e optimizados para 0,54. Com base na otimização efectuada, utilizando 0,5 como caso limite, foi gerado o resultado da tabela 3.4.

***Tabela 3.5:* *Conjunto de dados que mostra o grau de adesão ao Cross Site Scripting***

| R | SEGURADO Ci | MODERADAMENTE SEGURADO C2 | TOTALMENTE SEGURADO C3 |
|---|---|---|---|
| Ri | 1 | 0 | 0 |
| R2 | 0 | 0 | 1 |
| R3 | 0 | 1 | 0 |
| R4 | 0 | 0 | 1 |
| R5 | 0 | 1 | 0 |
| R6 | 0 | 0 | 1 |
| R7 | 0 | 0 | 1 |

**CHAVE**

**1 ^ ON (> 50%)**

**0 ^ DESLIGADO (< 50%)**

### 3.5 Implementação da lógica difusa

O nosso conjunto fuzzy de 7 parâmetros foi afetado na programação. Isto foi efectuado utilizando as regras IF THEN (Zadeh, 1965). Depois de nos alimentarmos com os valores dos parâmetros fornecidos pela simulação do quadro, tais como "webbrowser.header = NULL" e "webbrowser.cookies ="ON"", conseguimos calcular o número de parâmetros considerados verdadeiros e tomámos uma decisão sobre a segurança da página Web utilizando a estrutura de declaração IF THEN.

## FUZZIFICAÇÃO

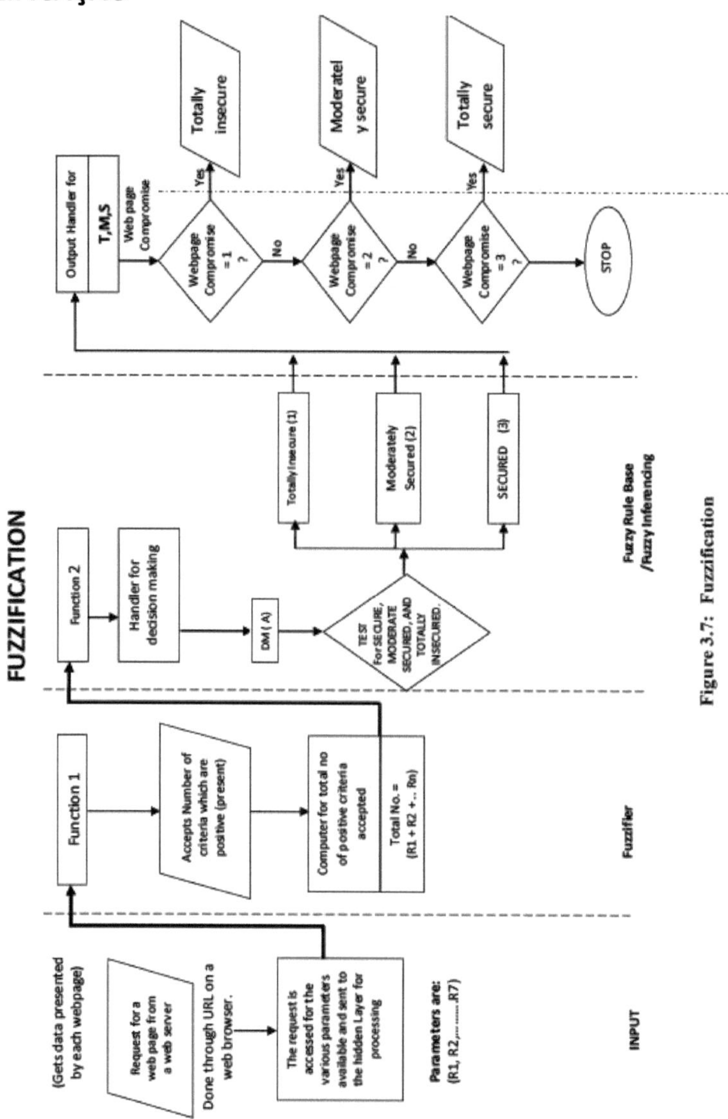


**Figura 3.7: Fuzzificação**

Ver ilustração da caixa de decisão
Se $(c_1) > 0$ e $(c_2) < 1$ e $(c_3) < 1$
Então $(c_1)$ = " assegurado "
Outro
Se $(c_1) >0$ e $(c_2) > 0$ e $(c_3) < 1$
Então $(c_2)$ = moderadamente inseguro"

Além disso

Se $c_1 > 0$ e $c_2 > 0$ e $C3 > 1$

Então ($c_3$) = "total inseguro"

### 3.6 IMPLEMENTAÇÃO DA REDE NEURAL ARTIFICIAL

O nosso modelo implementou a Rede Neuronal Artificial (RNA), que é um paradigma de processamento de informação inspirado na forma como os sistemas nervosos biológicos, como o cérebro, processam a informação. O elemento-chave deste paradigma é a nova estrutura do sistema de processamento de informação. Este é composto por um grande número de elementos de processamento altamente interligados (neurónios) que trabalham em uníssono para resolver problemas específicos. Apresentamos as três camadas da RNA nas secções seguintes.

**3.6.1 CAMADA DE ENTRADA** - a implementação da camada de entrada na nossa rede neuronal obtém informações apresentadas por cada página Web, que são apresentadas na figura 4.1. Estas informações servem de entrada para a camada oculta, que é abordada a seguir.

**3.6.2 CAMADA Oculta** - esta camada contém a nossa função de avaliação das entradas recebidas da camada de entrada. A nossa função considera o número de critérios que são positivos (presentes), representados pelo binário 1, e calcula-o utilizando a lógica da base de regras para tomar uma decisão. O determinante de uma saída "INSECURADA", de uma saída "MODERADAMENTE SEGURA" e de uma saída "SEGURA" é apresentado nas etapas descritas a seguir. As entradas são recebidas da camada de entrada no momento em que o utilizador clica numa página Web e estes critérios são processados nesta camada oculta para a camada de saída.

**3.6.3 - CAMADA DE SAÍDA** - a nossa camada de saída apresenta a entrada processada à interface para a tomada de decisões a nível humano. São apresentados ao utilizador os resultados descritos no ponto 4.2.1.2, que indicam o nível de segurança. O utilizador utiliza este resultado para decidir prosseguir ou não com a página Web.

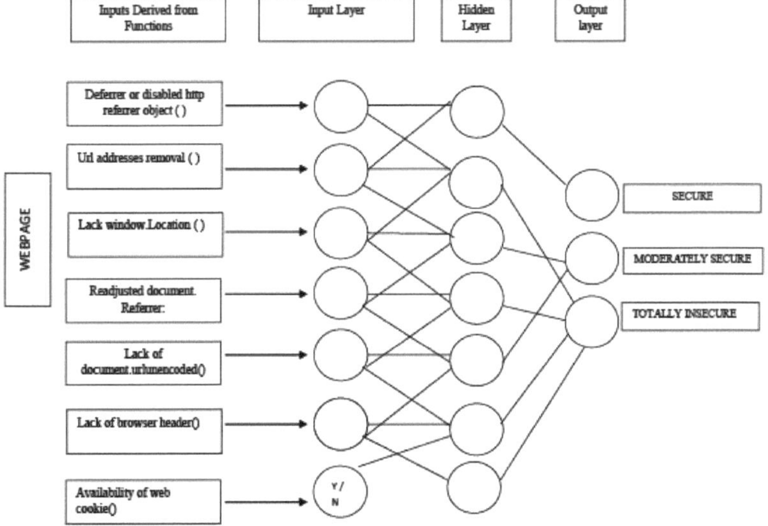


**Fig 3.8 Aplicação da rede neural no nosso modelo Fonte: adaptado (Zhang et al, 1998)**

***Tabela 3.6: Conjunto de dados que mostra o grau de adesão ao Cross Site Scripting***

| PARÂMETROS OU CONJUNTOS FUZZY DE CROSS SITE SCRIPT | CÓDIGOS | GRAU DE FILIAÇÃO A SCRIPTING ENTRE SÍTIOS | | |
|---|---|---|---|---|
| | | Agregado 1 (CI) | Agregado 2 (C2) | Agregado 3 (C3) |
| Objeto referenciador http desativado ou desreferente | R1 | 0.50 | 0.15 | 0.35 |
| Remoção de endereços URL | R2 | 0.20 | 0.20 | 0.60 |
| Falta de janela. localização, | R3 | 0.10 | 0.80 | 0.10 |
| Documento reajustado. referenciador | R4 | 0.20 | 0.10 | 0.70 |
| Falta de documento. URL não codificado, | R5 | 0.30 | 0.60 | 0.10 |
| Falta de cabeçalho do browser | R6 | 0.05 | 0.05 | 0.90 |
| Disponibilidade do Web Cookie | R7 | 0.00 | 0.45 | 0.55 |

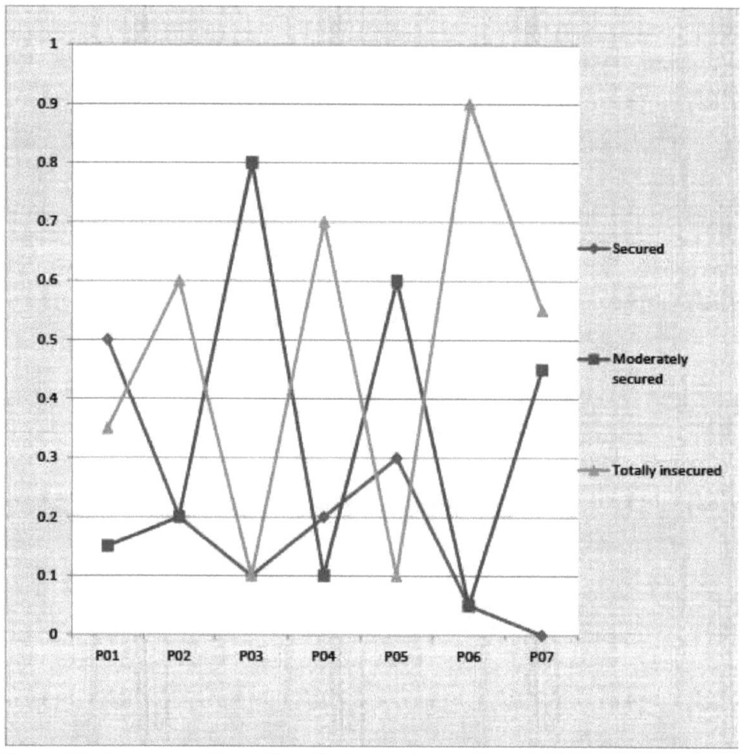


***Figura 3.9:*** *Representação gráfica da função de associação para o Cross Site Script*

A representação gráfica na Figura 3.9 é uma representação da Tabela 3.6 e mostra claramente um parâmetro com uma função de grau elevado de "Seguro" no Cluster 1, dois parâmetros com uma função de grau elevado de "Moderadamente Seguro" no Cluster 2, quatro parâmetros com uma função de grau elevado de "Totalmente Inseguro" no Cluster 3.

***Quadro 3.7****: Conjunto de dados que mostra o grau de adesão aos parâmetros totalmente inseguros do Cross Site Scripting*

| **Parâmetros ou conjunto difuso de Cross Site Script** | **Códigos** | **Grau de adesão aos parâmetros de segurança do Cross Site Scripting** |
|---|---|---|
| | | **Agregado 1** (C1) |
| Objeto referenciador http desativado ou desreferente | R1 | 0.50 |
| Remoção de endereços URL | R2 | 0.20 |
| Falta de janela. localização, | R3 | 0.10 |
| Documento reajustado . referenciador | R4 | 0.20 |
| Falta de documento. URL não codificado, | R5 | 0.30 |
| Falta de cabeçalho do browser | R6 | 0.05 |
| Disponibilidade do Web Cookie | R7 | 0.00 |
| **Resultado** | | **Seguro** |

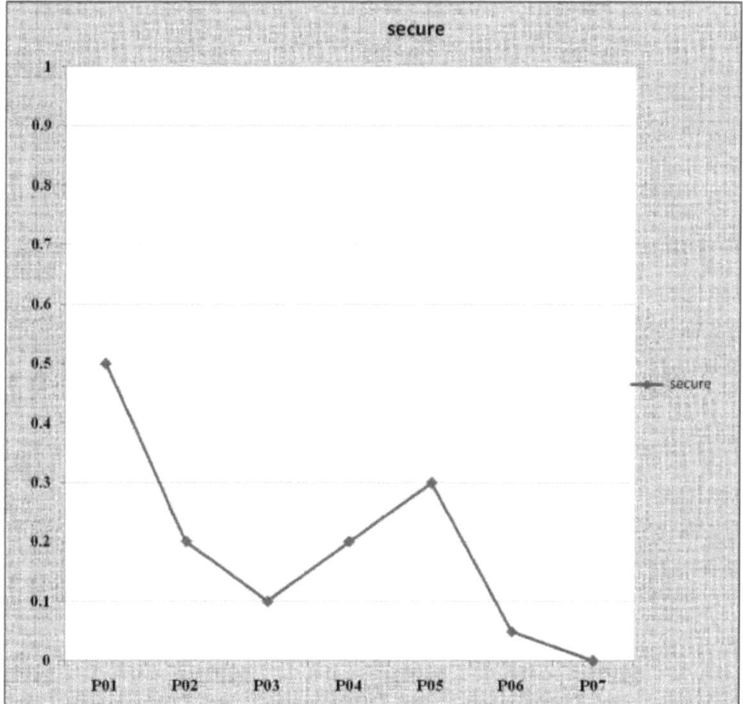


***Figura 3.10:*** *Representação gráfica do grau de adesão aos parâmetros de segurança do*

A representação gráfica na Figura 3.10 é uma representação da Tabela 3.7 e mostra claramente um parâmetro com função de afiliação de alto grau de "Seguro" no Cluster 1,

***Tabela 3.8:*** *Conjunto de dados que mostra o grau de adesão aos parâmetros moderadamente inseguros do Cross Site Scripting*

| **Parâmetros ou Conjuntos Fuzzy De Cross Site Script** | **Códigos** | ***Grau de adesão a parâmetros moderadamente seguros de Cross Site Scripting*** |
|---|---|---|
| | | **Agregado 2 (C2)** |
| Objeto referenciador http desativado ou desreferente | R1 | 0.15 |
| Remoção de endereços URL | R2 | 0.20 |
| Falta janela. localização, | R3 | 0.80 |
| Documento reajustado. referenciador | R4 | 0.10 |
| Falta de documento. URL não codificado, | R5 | 0.60 |
| Falta de cabeçalho do browser | R6 | 0.05 |
| Disponibilidade do Web Cookie | R7 | 0.45 |
| **Resultados** | | **Moderadamente seguro** |

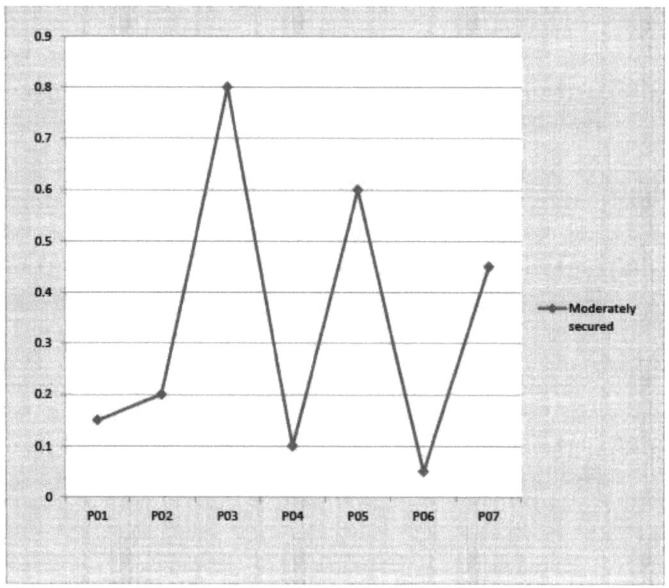


***Figura 3.11:*** *Representação gráfica do grau de adesão aos parâmetros de segurança moderada do Cross Site Scripting*

A representação gráfica na Figura 3.11 é uma representação da Tabela 3.8 e mostra claramente dois parâmetros com uma função de afiliação de alto grau de "Moderadamente seguro" no Cluster 2,

***Tabela 3.9 :*** *Conjunto de dados que mostra o grau de adesão para Parâmetros totalmente inseguros de Scripting entre sítios*

| **Parâmetros ou Conjuntos Fuzzy De Cross Site Script** | **Códigos** | ***Grau de adesão aos parâmetros totalmente inseguros do Cross Site Scripting*** |
|---|---|---|
| | | **Agregado 3 (C3)** |
| Objeto referenciador http desativado ou desreferente | R1 | 0.35 |
| Remoção de endereços URL | R2 | 0.60 |
| Falta de janela. localização, | R3 | 0.10 |
| Documento reajustado. referenciador | R4 | 0.70 |
| Falta de documento. URL não codificado, | R5 | 0.10 |
| Falta de cabeçalho do browser | R6 | 0.90 |
| Disponibilidade do Web Cookie | R7 | 0.55 |
| **Resultados** | | *Totalmente inseguro* |

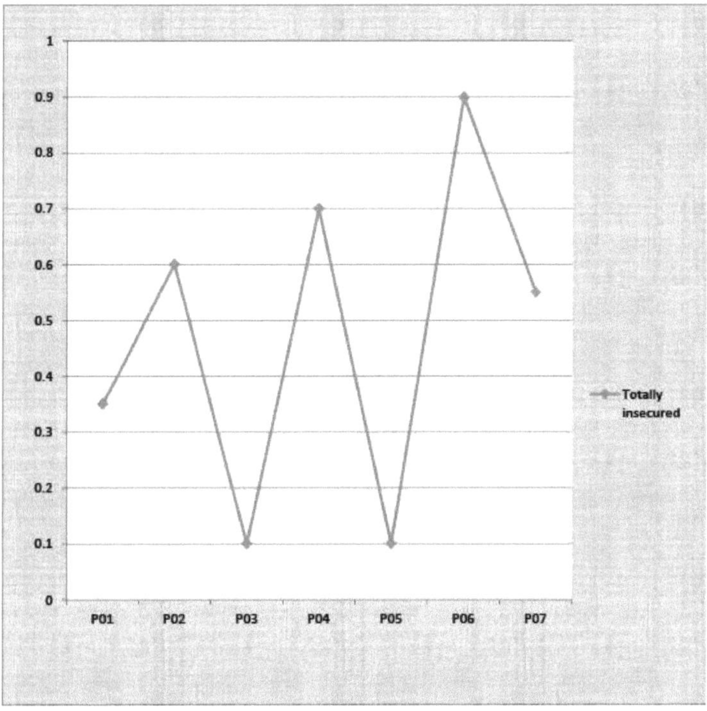


***Figura 3.12:*** *Representação gráfica do grau de adesão aos*

*parâmetros totalmente inseguros*
*do Cross Site Scripting*

A representação gráfica na Figura 3.12 é uma representação da Tabela 3.9 e mostra claramente quatro parâmetros com função de afiliação de alto grau de "Totalmente Inseguro" no Cluster3

## CAPÍTULO 4

**4.0 Simulação e documentação**

**4.1 Requisitos do sistema**

**4.1.1 Requisitos de hardware e software**

**4.1.1.1 Requisitos de simulação da aplicação em computador**

Requisitos de hardware -

- Velocidade da CPU 900Mhz ou superior
- Armazenamento 10Gb ou superior

Requisitos de software -

- windows xp,7 ou superior
- dot net framework v4
- instalador do windows 3.1

**4.2 Escolha da linguagem de programação**

Para simular o sistema proposto, dispúnhamos de várias ferramentas de simulação, mas trabalhámos em estreita colaboração com

a. Visual basic 2010

b. Pré-processador de hipertexto (PHP)

**O Visual Basic** é uma linguagem de programação e um ambiente de desenvolvimento integrado (IDE). O Visual Basic foi concebido para ser relativamente fácil de aprender e utilizar. O Visual Basic permite o desenvolvimento rápido de aplicações (RAD) de interface gráfica do utilizador (GUI), o acesso a bases de dados utilizando Objectos de Acesso a Dados, Objectos de Dados Remotos ou Objectos de Dados ActiveX e a criação de controlos e objectos ActiveX. A linguagem de scripting VBScript é um subconjunto do Visual Basic.
Um programador pode criar uma aplicação utilizando os componentes fornecidos pelo próprio programa Visual Basic. Os programas escritos em Visual Basic também podem usar a API do Windows, mas isso requer declarações de funções externas.

***Razões para utilizar o Visual Basic***

a. GUI (Interface gráfica do utilizador) - O Visual Basic apresenta a criação da interface do utilizador

utilizar ferramentas de clicar e arrastar

b. Disponibilidade de objectos programáveis - O Visual Basic tem uma biblioteca de objectos que

pode ser utilizado para criar aplicações poderosas, bastando programar na plataforma fornecida

c. Facilidade de programação baseada em eventos - Esta funcionalidade garante que as decisões de programação

com base em acontecimentos que se revelaram úteis para o desenvolvimento da nossa simulação.

**PHP**

O sistema foi implementado utilizando PHP como linguagem de programação web (linguagem de scripting). É de código aberto e, por isso, pode ser facilmente adaptada a praticamente qualquer sistema operativo. Instala-se facilmente no servidor Web Apache. Suporta o paradigma de programação orientado para os objectos. É independente de máquina, uma vez que não requer compilação. É a linguagem de programação mais utilizada para o desenvolvimento Web e, para o sistema proposto, que funciona através da Internet, é uma escolha adequada.

O paradigma implementado foi o paradigma orientado para objectos misturado com o paradigma imperativo. Os componentes que necessitavam de orientação para objectos (por exemplo, diagnóstico/identificação) foram implementados utilizando o suporte orientado para objectos do PHP, e vice-versa para os aspectos imperativos.

***Razões para utilizar o PHP***

a. Código aberto: O PHP é uma linguagem de código aberto (livre para descarregar, livre para utilizar, livre para partilhar). Nem o fornecedor de serviços nem os clientes têm de suportar quaisquer despesas para utilizar PHP nas suas aplicações Web.

b. Portabilidade: O PHP pode ser executado em qualquer servidor (Windows ou Linux). O servidor baseado em Linux é mais económico do que o servidor Windows devido à ausência de taxas de licenciamento.

c. Facilidade de utilização: O PHP é bastante fácil de aprender, utilizar e implementar. Por isso, é uma linguagem altamente preferida entre as empresas de desenvolvimento web e os clientes.

d. Frameworks eficientes: Para além de fornecer aplicações de código aberto de utilização gratuita, o PHP tem uma variedade de estruturas que podem ser utilizadas para o desenvolvimento de aplicações Web personalizadas. A estrutura ajuda as empresas a desenvolver grandes aplicações rapidamente e com um elevado nível de qualidade e desempenho. Seguem-se as estruturas mais populares disponíveis no PHP.

**4.3 Passos aplicados na criação da simulação**

Ao efetuar esta simulação, adaptámos o modelo bottom up à nossa conceção. As secções seguintes explicam a conceção da interface e a escrita dos códigos.

**4.3.1. INTERFACE DO UTILIZADOR** - na construção da interface, foram aplicados os seguintes objectos **INTERFACE** DO UTILIZADOR **FORMULÁRIO** - este objeto forma o layout para todos os objectos subsequentes a serem colocados. Foi acedido declarando o objeto como uma nova instância da classe "Form", que contém todas as propriedades acessíveis a este formulário, como o aspeto e o posicionamento no ecrã. Este formulário acomoda todos os outros objectos utilizados. Ver Apêndice A.

a) **OBJECTO WEB BROWSER** - este objeto funciona com a estrutura dot net, que é um requisito de software para a simulação. Tem propriedades como url, document. Location, browser. Navigate e browser. Título do documento. A propriedade url revelou-se útil para atribuir valores ao url da página Web e obter resultados das páginas Web apresentadas. (Ver Apêndice A). O objeto "browser" também forneceu um sistema de controlo de eventos que apresentou o espaço para anexar a nossa tomada de decisões na camada oculta da nossa rede neural. Ver Apêndice B e fig. 4.1.

b) **CAIXAS DE TEXTO** - utilizámos caixas de texto para introduzir um novo url, por exemplo, www.uniben.edu. Tem as propriedades textval, on change e onclick, que se revelaram úteis para anexar código para ligar o valor atribuído à propriedade url no objeto do navegador Web em (b) acima. (Ver Apêndice A). Este objeto foi colocado no formulário (a) para visualizar o URL atual para o qual o objeto browser navega.

c) **BOTÕES DE COMANDO** - estes botões disponíveis na nossa ferramenta de simulação foram colocados no formulário para serem utilizados com dois objectivos principais. Uma delas era comandar o browser para navegar para um determinado URL digitado na caixa de texto (c). Outra função era no caso de um sítio não fiável. O botão é apresentado ao utilizador para que este avance para um sítio não seguro por sua conta e risco.

d) **LABELS** - estes objectos estavam disponíveis e eram utilizados para apresentar respostas da nossa simulação, como o veredito (INSECURE / SECURE) e o nosso url atualmente analisado. Também foram utilizados para apresentar informações sobre o estado do redireccionamento do url. (Ver Apêndice A)

Todos estes objectos foram colocados para produzir a nossa interface de simulação. Em seguida, codificámos a simulação durante um evento de navegação no url, clicando numa ligação ou escrevendo na caixa de texto. Utilizámos funções para determinar o estado dos parâmetros de cada sítio testado, o que serviu de entrada para a camada oculta da nossa rede neural.

**4.3.2. CÓDIGO**: Para traduzir os nossos parâmetros em entradas para a nossa rede neural, utilizámos funções definidas pelo utilizador e funções reservadas pelo compilador. As funções definidas pelo utilizador que utilizámos foram: disponibilidade da função web cookie(), ausência da função browser header (), ausência da função document. urlunencoded(), função document.referrer reajustada, ausência da função window. Location, a função de remoção do endereço url ( ) e a função deferrer ou desativar o objeto http referrer ( ). Essas funções retornaram valores de verdadeiro ou falso para determinar se um parâmetro estava presente ou não em um site de teste que foi discutido no capítulo três.

(a) **DEFERIDOR OU OBJECTO DE REFERÊNCIA HTTP DESABILITADO ( )** - esta função foi desenvolvida para receber o URL de uma página Web, por exemplo www.yahoo.com, e devolver um valor verdadeiro se existir um objeto de referência desativado ou falso se não existir nenhum objeto ou referenciador desativado.

(b) **REMOÇÃO DE ENDEREÇO DE URL ( )** - esta função foi desenvolvida para determinar se um endereço de url aparece como parece num sítio aberto. A função devolve um valor verdadeiro se o endereço URL for igual ao que aparece ou falso se for diferente do que aparece no navegador Web.

(c) **FALTA WINDOW.LOCATION ()**. - este valor da função é devolvido pelo objeto browser na simulação que determina a condição da window.location.

(d) **DOCUMENTO REAJUSTADO. REFERRER()** - esta função foi implementada na estrutura através da aplicação de uma função extra Redirect() para determinar se o sítio Web redirecciona para outro sítio.

(e) **LACK OF DOCUMENT.URLUNENCODED**() - esta função foi utilizada para verificar o URL codificado nas hiperligações e devolver um valor verdadeiro ou falso ao programa principal.

(f) **LACK OF BROWSER HEADER**() - a falta de cabeçalho do navegador alimenta o seu valor a partir da propriedade do navegador - webbrowser.header e repõe um valor verdadeiro se faltar ou falso se não faltar um cabeçalho.

(g) **DISPONIBILIDADE DE WEB COOKIE**()- esta função determina o estado das definições do browser, se este está configurado para aceitar cookies ou não. O valor "true" é devolvido se aceitar cookies e "false" é devolvido se não aceitar cookies.

### 4.4 Implantação

Apresentamos de seguida as etapas da implementação da nossa simulação-quadro. A nossa escolha de software de aplicação para construir a nossa simulação foi o Microsoft Visual basic 2010, que foi ligado a um ficheiro em linha concebido com PHP.

4. **4.1 Instalar o Microsoft Visual Basic 2010**

1. Obter uma cópia do Microsoft Visual Basic e executar o ficheiro de instalação
2. Clique no ficheiro de instalação e siga as instruções de instalação

3. Após a conclusão, execute o programa instalado a partir do menu Iniciar>Todos os programas>Microsoft Visual Basic 2010.
4. Executar o ficheiro de projeto Webpage_Simulation
5. Prima F5

**4.4.2 Instalar a Simulação de Aplicação**

1. Executar o ficheiro de instalação com o nome setup.exe
2. Certifique-se de que tem uma ligação à Internet ativa
3. A configuração da aplicação irá instalar o dot net framework 4 e o windows installer 3.1. Estes são pré-requisitos para a instalação da aplicação principal
4. A aplicação principal começa a ser instalada assim que a instalação dos componentes referidos no ponto 3 estiver concluída
5. Após a conclusão da instalação, execute a aplicação Mobie_computing a partir do menu Iniciar.

**4.4.3 Utilizar a aplicação**

I. Executar a aplicação a partir do menu Iniciar
II. Desde que exista uma ligação ativa à Internet, a aplicação abre a página inicial http://google.com
III. Navegar na Internet utilizando a barra de endereços fornecida, escrevendo nela os endereços pretendidos
IV. Tome nota da barra abaixo que mostra o estado da análise para cada sítio
V. Ao tentar abrir uma ligação url maliciosa, o sistema apresenta uma mensagem Declaração de segurança
VI. Pode decidir ignorar e abrir o site como uma demonstração de um dispositivo infetado, uma vez que o sistema permite que o dano potencial afecte o computador
VII. Se o computador tiver um antivírus atualizado, este detecta-o, mostrando que o dano foi evitado

**4.5 Documentação do sistema**

**4.5.1 Microsoft Visual Basic 2010** - trata-se de um software de aplicação com um ambiente de desenvolvimento integrado (IDE) para o desenvolvimento de aplicações. Contém bibliotecas de objectos, como o navegador Web, botões e caixas de texto, que podem ser programados pelo utilizador para obter o resultado pretendido.

**4.5.2 Dot Net Framework** - trata-se de uma estrutura de ambiente necessária para executar aplicações Microsoft dot net - aplicações desenvolvidas utilizando o Microsoft visual Basic 2010 e outras versões semelhantes

**4.5.3 Windows installer 3.1** - esta estrutura suporta a instalação de aplicações Windows. A versão 3.1 é a melhor utilizada na instalação da nossa estrutura.

**4.5.4 Sistema operativo Windows** - este é um requisito para a instalação da aplicação de simulação no nosso sistema. A versão utilizada neste projeto é o Windows 7, que é uma versão recente do Windows com as bibliotecas necessárias.

Realizámos uma série de testes com outros sítios Web e o nosso sistema funcionou eficazmente.

**4.6 Teste de software**

O plano de teste de software (STP) foi concebido para definir o âmbito, a abordagem, os recursos e o calendário de todas as actividades. O plano identificará os itens a testar, as caraterísticas a testar, os tipos de testes a efetuar, o pessoal responsável pelos testes, os recursos e o calendário necessários para concluir os testes.

**Tabela 4.1 Teste de software**

| Teste | Ação | Resultado |
|---|---|---|
| Página web/site totalmente inseguro. | O endereço de um sítio Web é introduzido no navegador Web de um sistema informático através do Localizador Uniforme de Recursos (URL). http://martuz.cn/index.php | O sistema baseado na segurança analisa a página Web e dá um VEREDICTO: TOTALMENTE INSEGURO. O sistema também apresenta: Compreendo o risco, caso o utilizador pretenda continuar. Em seguida, grava o Resultado na base de conhecimentos. |
| Página Web/Sítio Web SECURED. | O endereço de um sítio Web é introduzido no navegador Web de um sistema informático através do Localizador Uniforme de Recursos (URL), por exemplo http://www.aauekpoma.edu.ng | O sistema baseado na segurança analisa a página Web e dá um VEREDICTO: SEGURO. |
| MODERADAMENTE Página Web/Sítio Web com segurança | O endereço de um sítio Web é introduzido no navegador Web de um sistema informático através do Localizador Uniforme de Recursos. | O sistema baseado na segurança analisa a página Web e dá um VEREDICTO: MODERADAMENTE SEGURO. |

## 4.7 Experimentação para a eficácia

O nosso sistema foi dotado de várias páginas Web que serviram de dados de treino. Estes dados e os seus resultados são guardados na base de dados para utilização futura pelo sistema. Depois de fornecer dados suficientes ao sistema, este foi capaz de aprender e verificar as páginas Web subsequentes que lhe foram fornecidas. Ver a tabela 6.2 para uma listagem das páginas Web e os resultados da verificação.

| **Conjunto de dados** | **Veredicto** | **Razões** |
|---|---|---|
| www.google.com | SEGURO | O sítio foi testado com outras estruturas e provou ser seguro. Isto está de acordo com o veredito do nosso sistema |
| www.yahoo.com | SEGURO | O sítio foi testado com outras estruturas e provou ser seguro. Os utilizadores apenas se queixaram de um problema de recuperação de palavras-passe ou de início de sessão depois de mudarem de endereço IP ou de plataforma, o que é um problema temporário que está a ser resolvido e, por conseguinte, não constitui um critério de insegurança |
| www.jumia.com.ng | SEGURO | A Jumia.com é um centro comercial que dispõe de licenças de segurança para prestar serviços em linha, tais como a aquisição de bens e serviços. Os utilizadores do sistema não têm qualquer tipo de queixa. |
| http://d99q.cn/index.htm | TOTALMENTE | Este sítio foi objeto de comentários em fóruns e sítios |

| | SEGURO | de classificação, onde se dizia que era inseguro. Isto também é comprovado pela nossa estrutura e por outras estruturas |
|---|---|---|
| http:/martuz .cn/index .php | TOTALMENTE SEGURO | O Martuz.cn é conhecido pelo seu conteúdo malicioso na sua página inicial. Isto lança um ficheiro executável ao abrir o site. Sem um antivírus de url forte num computador, pode causar danos. O nosso quadro também verificou que o sítio é INSECURADO |
| http://gumblar.cn/index .html | TOTALMENTE SEGURO | Gumblar.cn é uma transformação do site martuz.cn que ainda pertence à mesma empresa. |

A formação recebida destes sites fiáveis e não fiáveis foi testada com sites novos e produziu os seguintes resultados.

| **Conjunto de dados** | **Veredicto** | **Razões** |
|---|---|---|
| uniben.waeup.org | SEGURO | Este sítio foi testado utilizando o nosso quadro de trabalho e provou ser seguro, sem ameaças. Este site é o site das Universidades e não houve qualquer queixa de infeção ou insegurança |
| www.kingspolyubiaja.com/index.php | SEGURO | Site testado e comprovadamente seguro. Trata-se de um sítio Web de um instituto politécnico em Ubiaja e não foi detectada qualquer atividade maliciosa. |
| www.picrateme.net | SEGURO | Também seguro. Verificou-se que o site é uma rede social para partilha de imagens e não tem conteúdo malicioso. |
| trafficconverter.biz/index.html | TOTALMENTE SEGURO | Tem um registo de alojamento e distribuição de worms |
| embed.redtube. com/contact.html | TOTALMENTE SEGURO | Relacionado com uma exploração |
| pu.plugrush.com/index .html | MODERADAMENTE SEGURO | Tem uma má reputação e um mau registo. Os registos guardados no sítio são vulneráveis a explorações por outros sítios. |
| ads.alpha00001.com/index.html | TOTALMENTE SEGURO | Apresentado como um servidor C&C e redirecciona para enterfactory.com, outro site malicioso |
| am10.ru/index.html | TOTALMENTE SEGURO | Tem registos e relatórios sobre mensagens pop-up e adware |
| www.trafficholder.com/index.html | MODERADAMENTE SEGURO | Relacionadas com a exploração infantil |
| www.ody.cc/index.html | TOTALMENTE SEGURO | Relacionadas com ligações com scripts suspeitos e sites que alojam o BKDR HPGN.B-CN |
| cdn.bispd.com/index.html | TOTALMENTE SEGURO | Redirecciona para um site malicioso e está relacionado com ficheiros maliciosos que distribuem malware |

| | | |
|---|---|---|
| h4r3k.com/index.html | TOTALMENTE SEGURO | Distribui cavalos de Troia |

Verificou-se também que alguns sítios que eram considerados seguros numa determinada altura se tornaram totalmente inseguros, como o "freebikes.net". Isto acontece porque os sítios que eram seguros podem ser pirateados e introduzir alguns parâmetros inseguros, tornando-os assim seguros.

**Experimentação da eficiência através da análise de falsos positivos e falsos negativos**

Efectuámos uma série de testes de falsa positividade e falsa negatividade utilizando o nosso quadro em sítios fiáveis e não fiáveis. A lista dos nossos resultados e conclusões é apresentada de seguida:

**QUADRO 4.4 TESTE DE SÍTIOS FIÁVEIS**

| S/N | Url (páginas Web) | Resultado do teste do nosso quadro |
|---|---|---|
| 1 | www.uniben.waeup.org/i ndex.html | SEGURO |
| 2 | www.google.com/index .html | SEGURO |
| 3 | www.yahoo.com/index .html | SEGURO |
| 4 | www.gtbank.com/index.html | SEGURO |
| 5 | ww=w.gmail.com/index.html | SEGURO |
| 6 | www.facebook.com/index.php | SEGURO |
| 7 | www.libertyreserve.com/index.html | SEGURO |
| 8 | www.nigeriadailynews.com/index.html | SEGURO |
| 9 | www.punchng.com/index.html | SEGURO |
| 10 | www.nigeriaworld.com/index .html | SEGURO |
| 11 | pmnewsnigeria.com/ | SEGURO |
| 12 | notícias.yahoo.com | SEGURO |
| 13 | ww.twitter.com | SEGURO |
| 14 | webpay.interswitchng.com | SEGURO |
| 15 | gtpay.gtbank.com | SEGURO |
| 16 | jumia.com.ng | SEGURO |
| 17 | www.konga.com | SEGURO |
| 18 | www.html5up.net | SEGURO |
| **S/N** | **Url (páginas Web)** | **Resultado do teste do nosso quadro** |
| 19 | Xwireless.net | SEGURO |
| 20 | webhuntress.com | SEGURO |

Temos um relatório de 20 seguros dos 20 testados, revelando um 0% de falsos positivos do nosso modelo.

**Tabela 4.5 TESTES EM SITES NÃO CONFIÁVEIS**

| S/N | Url (páginas Web) | Resultado do teste do nosso quadro |
|---|---|---|
| 1 | trafficconverter.biz | TOTALMENTE INSEGURO |
| 2 | gooooogleadsence.biz | TOTALMENTE INSEGURO |
| 3 | 38zu.cn/inex.html | TOTALMENTE INSEGURO |
| 4 | anúncios.alpha00001.com | SEGURO |
| 5 | am10.ru | SEGURO |
| 6 | googleanalytics.net | TOTALMENTE INSEGURO |

| 7 | Lousecn.cn | TOTALMENTE INSEGURO |
|---|---|---|
| 8 | fqwerz.cn | TOTALMENTE INSEGURO |
| 9 | cdn.bispd.com | SEGURO |
| 10 | Gumblar.cn | TOTALMENTE INSEGURO |
| 11 | D99q.cn | TOTALMENTE INSEGURO |
| 12 | Orgsite.info | TOTALMENTE INSEGURO |
| 13 | Martuz.cn | TOTALMENTE INSEGURO |
| 14 | http://www.rvinmobiliaria.com/saug.html | SEGURO |
| 15 | http://alessandrociferri.it/knowthyself.php | SEGURO |
| 16 | big-dadd.com | SEGURO |
| 17 | http://x9p.ru:8080/ts/in.cgi?pepsi118 | TOTALMENTE INSEGURO |
| 18 | http://flashupdate.co.cc/ | TOTALMENTE INSEGURO |
| 19 | http://www 1.rapidsoftclearon.net/ | TOTALMENTE INSEGURO |
| 20 | http://www.rvinmobiliaria.net | TOTALMENTE INSEGURO |

Dos 20 sítios considerados maliciosos, o nosso quadro detectou que 14 eram totalmente inseguros, o que representa 30% de falsa negatividade do nosso modelo.
O nível de falsa positividade e falsa negatividade demonstra uma melhoria do nosso modelo em relação aos modelos existentes, uma vez que estes apresentaram 50% e mais de falsos alarmes.

# CAPÍTULO 5

**5.1 Avaliação do sistema** - o nosso sistema foi testado utilizando os sítios referidos na tabela 4.2 e, em cada caso, é testada uma página Web de cada vez e não todas as ligações dos sítios. Isto poupa tempo ao processo, uma vez que a decisão é tomada com base numa página Web. Além disso, a análise efectuada por outros quadros, como o sistema baseado na deteção de anomalias, a correspondência de padrões e a análise de código estático no quadro 2.2, os sítios em cada caso poderiam revelar-se seguros, mas com ligações ocultas podem não ser verdadeiramente seguros. Assim, o nosso quadro é melhor, uma vez que a verificação é efectuada antes de uma página Web ser aberta. Outro aspeto importante é a disponibilidade de relatórios sobre o estado da página Web. Alguns outros quadros baseiam-se numa combinação de testes pessoais e relatórios dos utilizadores. Estes métodos também estão limitados ao número de sítios da base de dados que foram testados e um novo sítio tem de estar na base de dados para ser detectado como inseguro ou seguro. A nossa estrutura, por outro lado, utiliza um algoritmo de aprendizagem que treina o programa para detetar sítios sempre que o sítio é aberto, uma vez que a base de dados só é utilizada como armazenamento depois de o sítio ter sido analisado, e não antes de ser analisado. Conseguimos obter um desempenho ótimo através dos testes realizados com a nossa estrutura.

## 5.2 Conclusões

Analisámos uma variedade de técnicas defensivas para evitar XSS, incluindo as seguintes: análise estática, análise dinâmica, testes de caixa negra, testes de caixa branca, deteção de anomalias, etc. Geralmente, estas abordagens são implementadas no lado do cliente ou no lado do servidor para proteger os utilizadores da Web contra ataques de injeção de XSS.

- Podem ajudar os programadores e administradores de sítios Web a detetar as potenciais vulnerabilidades XSS. Mas a sua limitação é o número significativo de falsos positivos e falsos negativos, que varia entre 50% e mais.
- O Sistema de Deteção de Anomalias (Engelman, 2007) processa os registos de auditoria e compara-os com assinaturas de comportamentos ou ataques maliciosos conhecidos. Com este sistema, é possível detetar ataques XSS, mas o sistema tem uma fraqueza significativa: só pode detetar os ataques XSS cujos comportamentos são conhecidos. Os ataques que não são previstos pelos autores das assinaturas ficam desprotegidos pelo esquema.
- Em contrapartida, a nossa abordagem baseia-se na análise das técnicas utilizadas pelos atacantes para inserir scripts não autorizados de uma forma enganadora que os utilizadores dos sítios Web não saberão.
- A partir das experiências que realizámos, conseguimos reduzir o problema dos falsos alarmes, uma vez que registámos 0% de falsos positivos e 30% de falsos negativos.
- Além disso, os utilizadores não técnicos de sítios Web que não podem aplicar políticas para garantir a segurança, tal como nos mecanismos de aplicação de políticas, estão protegidos, uma vez que a rede neural foi treinada para dar um veredito correto do estado do sítio.

## 5.3 Contribuição para o conhecimento

Para sermos concisos, a nossa contribuição para o conhecimento sobre este trabalho de investigação é a seguinte:

- Foi desenvolvido um modelo que utiliza técnicas de computação flexível (rede neural, lógica difusa e algoritmo genético). Os modelos existentes para a deteção e prevenção de scripts entre sítios estão limitados ao número de sítios mantidos na base de dados que foram testados anteriormente. Não esquecer que os sítios testados hoje como seguros podem revelar-se inseguros no momento seguinte. A utilização de uma rede neural neste modelo é capaz de detetar e analisar novos sítios sem depender apenas dos que se encontram na base de dados. Além disso, a lógica difusa controla a incerteza associada ao problema de segurança, enquanto o desempenho ótimo é assegurado pelo algoritmo genético. Isto faz com que o nosso modelo ultrapasse os modelos existentes.

- Este modelo é proposto para funcionar como um programa de navegação independente e se outras empresas de software que desenvolvem programas de navegação Web puderem utilizar esta estrutura, obterão resultados semelhantes.
- A investigação também contribui para o conhecimento em termos de tomada de decisões assistida por computador. Isto reduzirá consideravelmente o raciocínio e o esforço humano na determinação do nível de segurança de qualquer página ou sítio Web.

## 5.4 Conclusão

Neste seminário, apresentamos uma nova estrutura de estratégia de defesa contra XSS baseada numa abordagem de soft computing concebida para ser mais eficaz nos navegadores web existentes, apesar do comportamento anómalo do navegador. O acesso a ligações é fundamental para os utilizadores da Web sem saberem o que está escondido por trás dessas ligações. O quadro de conceção proposto protegerá os utilizadores contra a execução de códigos maliciosos nos seus dispositivos informáticos através do navegador Web. As técnicas utilizadas neste trabalho não só proporcionam uma capacidade de auto-aprendizagem, como também resolvem o maior problema do código de script XSS, que é a incapacidade do navegador para distinguir entre códigos benignos e maliciosos. Dado que os dispositivos informáticos são utilizados por utilizadores técnicos e não técnicos, este modelo oferece a todos os utilizadores medidas de segurança iguais, uma vez que os utilizadores não técnicos não têm o receio de não serem capazes de selecionar com êxito as políticas corretas a aplicar para proteger os seus dados sensíveis, como acontece com as medidas baseadas em políticas

## REFERÊNCIAS


Alfaro, J.G e Arribas, G.N (2007) "Prevenção de ataques de cross site scripting em aplicações web actuais". Universidade Oberta de Catalunya, Barcelona - Espanha

Asaba, A.S. (2006) "The security of Mobile Agents" (A segurança dos agentes móveis) Actas da Conferência Internacional sobre UTMSC 2006 Covenant University Ota, Nigéria.

Babuska R. (1998), "Fuzzy Modeling for Control", Kluwer Academic Publishers, Boston, EUA.

Balzaroti, D., et al (2008), " Sanser: composição de análise estática e dinâmica para validar a sanitização em aplicações Web" IEEE. ICSE, São Francisco, CA, EUA.

Blakley, G.R (1979) "Safe Guarding Cryptographic Key" Proceeding Of the National Computer.

Blakley, G.R. (1979) "Safe Guarding Cryptographic Key" Proceding Of the National Computer

Bozio J., Wotawu F. (2013). "Padrão XSS para modelação de ataques em testes" IEEE

Christey, S e Martin, R. A: (2007) "Vulnerability Type Distribution in CVE", Common Weakness Enumeration, versão 1.1, white paper técnico, http://cwe.mitre.org/documents/vuln-trends/index.html.

Cook, S (2003) "A Web Developers Guide to Cross-Site Scripting" *Technical Report, SANS Institute.*OWASP Report, http://www.owasp.org/index.php/Top_10_2007 GSEC Version 1.4b (Option).

Cordon O., Alcala R., J. Alcala- Fernandez, e Rojas I. (2007). Genetic fuzzy systems: what's next? Uma introdução à secção especial, IEEE Trans. Fuzzy systems, 15(4): 533{535}.

Dorigo M. e Gambardella L. (1997) Ant colony system: a cooperative learning approach to the traveling salesman problem. IEEE Transactions ion Evolutionary computation, 1(1):53{66}.

Eernisse, M. (2006) "Build Your Own AJAX Web Applications", a Overview, publicação Site Point, Austrália.

Engelman, J (2007) "Dynamic Web Applications Analysis for Cross site Scripting Detection" Hamburgo.

Fernandez A., Del Jesus M.J., and Herrera F., (2009), "improving the performance of fuzzy rule based on classification systems for highly imbalanced data - sets using an evolutionary adaptive inference system", In Proc of IWANN'09 (this issue).

Forman, G.H e Zahorjan, J.(1994) "The Challenges of Mobile Computer" IEEE Computer.

Galushkin I. (2007), "Neutral Networks Theory", Springer books.

Gaurav, S.K et al (2003) " Countering Code Injection Attacks Using Instructions Set Randomization" Washington DC, USA ACM 1-58113 - 738.

Gordon, P. (2007). "Data Leakage - Threats and Mitigation" (Fuga de dados - ameaças e atenuação) SANS Institute.

Haung Y.W. et al (2004) "Securing web application code by static analysis and routine protection" in preceding of the International World Wide Web Conference (WWW'04). Nova Iorque, EUA Pp40-52.

Held, G. (2000) "Data Over Wireless Networks: Bluetooth, WAP e IANS sem fios" McGraw-Hill.

Jifeng, L. et al (2005) "Prediction of Sales Based on Simulation Annealing Algorithm and

Genetic Algorithm Optimized Neural Networks" China.
Jim T., Swamys, N., Hicks, M. (2007) "Defecting Script Injection Attacks Browser Enforced embedded policy" conferência internacional sobre a World Wide Web AT&T Labs Research University of Maryland.
Johns, M., (2006) "Session Safe: Implementing XSS Immune Session Handling", Simpósio Europeu de Investigação em Segurança Informática, Hamburgo, Vol. 4198 pP446 -460.
Johns, M., e Beyerlein, C. (2007) " Smask: preventing injection attacks in Web Applications by Approximating Data/ Code Separation" SAC07 ACM 1.595-480-4.
Jovanovic, C., kruegel, C e Kirds, E. (2006) "pixy; a static analysis tool for detecting web application vulnerabilities" in IEEE Symposium on Security and Privacy Pp 258-263.
Julian p., Moreno G., and Penabad J, (2009), "On the declarative semantics of multi-adjoint logic programs" , In Proc of IWANN'09 (this issue)
Kahn, D. (1967) "The codes Breakers" Macmillan Co, Nova Iorque.
Kak, Avi (2008) "computer and Network Security" Disponível em www.purdue.edu
Kennedy J e Eberhart R.C (1995) "Particle swarm optimization". Na Conferência Internacional do IEEE sobre Redes Neurais. Vol. 4 Pp1942 - 1948.
Kiezen A. , Guo P.J., Einst M.D., (2009). "Criação automática de ataques de injeção de SQL e de cross-site scripting" conferência internacional sobre engenharia de software Pp. 199-209.
Magdalena, L., Cordon, O., Gomide, F., Herrera, F. e Hoffmann, F., (2001), "Ten Years of Genetic Fuzzy Systems, Current Framework and New Trends", *IFSA NAFIPS*, 2001, Vancouver, Canadá.
Makum, Prakhyath "security Vulnerability in GPRS. Network" Wipro Technologies.
Mamdani H. e Assilian S. (1975), "An experiment in linguistic synthesis with a fuzzy logic controller" Int. J. Man-Machine Studies, 7:1{13}.
Mascolo, C., Capra, L. e Emmerich, W. (2002) "Mobile Computing Middle wares" Advance lectures on Networking Vol.58 pp20-58.
Mu,Y., Susilo, W. e Seberry, J. (2008), "Signature Generation and Detection of Malware Families" Spinger Verlag Berlin Heidelberg Pp 336 - 349.
Nakashima, T., Ishibuchi, H., e Morisawa, T. (1997), "input selection infuzzy rule-based classification systems," Proc. of 6th International conference on Fuzzy Systems, Barcelona, Espanha, 1-5 de julho, pp. 1457-1462,.
Nwobodo, Andrew (2008) "Internet Browsing Using Mobile phone as Modern Computing for Laptops or PC" (Navegação na Internet utilizando o telemóvel como computação moderna para computadores portáteis ou PC)
Nwokedi, I., Aditya, P.M (2007) " A survey of malware detection techniques" Purdue University, west Lafayette.
Pearl J. (1988), "Probabilistic of Reasoning in intelligent Systems", Morgan Kaufmann.
Petukhov, A e kozlov, D. (2008) "Detetar vulnerabilidades de segurança em aplicações Web utilizando a análise dinâmica com testes de penetração" Conferência de segurança das aplicações OWASP
Poli R., Kennedy J., e Blackwell T. (2007), "Particle swarm optimization, Swarm intelligence" Vol. 1(1): pp33-57.
Poli R., Langdon W. B., McPhee N. F. (2008), "A Field Guide to Genetic Programming", disponível em: http://www.Lulu.com, ISBN 978-1-4092-0073-4.

Riley, R. Jiang, X e XU; D "Uma abordagem arquitetural para prevenir ataques de injeção de código"

Sanders Jan A (2006): Averaging. Scholarpedia, 1(11):1760.

Satyanarayanan, M. (1997) Fundamental Challenges in Mobile Commuting" A Research sponsored by AFMe, Carnegie Mellon University preceding of the fiftieth annual ACM Symposium on Principles of distributed computing, New York USA, Pp1-7.

Shamir, A. e Blahley G., (1979) "Secret sharing" disponível em: http://en.Wikipedia.org/wki.

Shanmugam. J, Ponnavaikko M. (2008), "Risk mitigation for cross site scripting attacks using signature based model" IEEE. IMSCCS. 2008.82 Pp. 398 - 405

Shar L.K., Kuan Tan H.B, Brand L.C. (2013) "Mining SQL injection and cross site scripting vulnerabilities using hybrid program analysis, 2013, IEEE

Sharp,R., Scott, J. e Bresford A.R. (2006) "Secure Mobile computing via public Terminals" Richard. Sharp @ intel.com

Smith, R. E (2002). "Overview of Authentication Techniques" www. Cryptosmith.com, Stefano Di Paola, Giorgio Fedon (dezembro de 2006) "Subverting AJAX", 23rd Chaos Congresso de Comunicação (23C3), Berlim, Alemanha, http://events.ccc.de/congress/

Symantec Internet Security Threat Report (2007) Cooperação Técnica da Symantec. Informação técnica (2009). Hacking Internet Security.

Takagi T.e M. sugeno (1985), "fuzzy identification of systems and its application to modeling and control", IEEE Trans. on Syst., Man & Cybernetics, 15,1985,pp.116- 132.

Yates colin (2003) "Mobile phone Issues- what Risks are Associated with Their Use by our Youth" Internet Safety Group

Yen Vivian (2003) "Mobile Threats: A ticking Time Bomb" Z D Net Asia. "Mobile phone" www.wikipedia. com/mobile Phone.

Zadeh L.A (1965) Fuzzy sets. Controlo da Informação, 8:338{353}.

Zhang G., et al (1998). "Forcasting with artificial Neural Networks: The state of the art international journal of forcasting. Vol. 14, Pp 35-62

Zhu Cheng (2006) "Mobile Malware: Threat and Prevention Acunetix Ltd, "Aplicações Web: O que são? What of them?", http://acunetix.com/ websitesecuirty/web-appliation.htm. Projeto Aberto de Segurança das Aplicações Web: " OWASP Top 10 Web Application Security.

# APÊNDICE

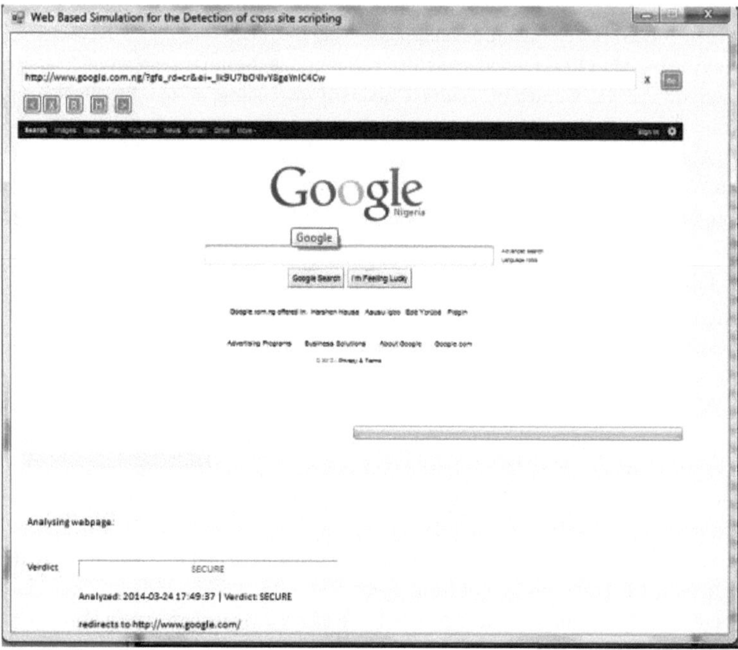


***Fig. 5.1**: Verificação da página Web numa página segura*

***Fig 5.2*** *Página de análise do site: Nova análise: yahoo.com: PÁGINA TOTALMENTE SEGURA*

***Fig. 5.3*** *Página de análise do site: Nova Análise: martuz.cn PÁGINA TOTALMENTE INSECURADA*

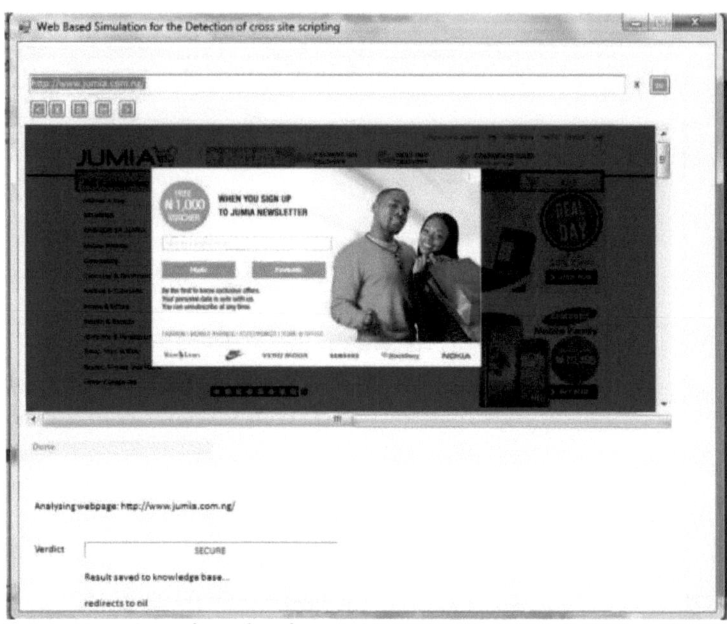


***Fig.5.4:** Página de análise do sítio: Nova análise: Jumia.com.ng (Seguro)*

***Fig. 5.5:** Analisando gooooglea dsence.biz : TOTALMENTE INSEGURO*

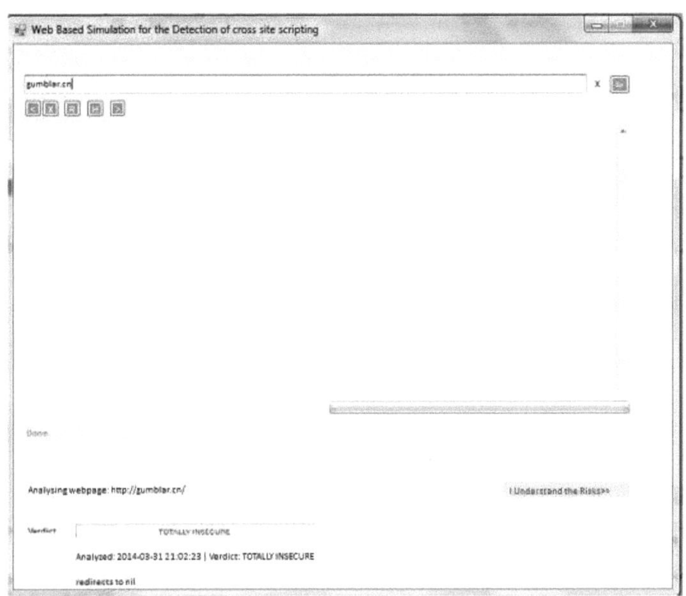


*Fig. 5.6 Página de análise do site: Recuperado da base de conhecimento: gumblar.cn: TOTALMENTE INSEGURO*

*Fig. 5.7 Página de análise do sítio: Obtido da base de conhecimentos: uniben.waeup.org: SEGURO*

Printed by Books on Demand GmbH, Norderstedt / Germany